INVENTAIRE
f 6.571

LIBRAIRIE DE L. HACHETTE ET Cie
RUE PIERRE-SARRAZIN, 12, A PARIS

NICOMÈDE
TRAGÉDIE
DE P. CORNEILLE
ANNOTÉE
PAR E. GERUZEZ
Professeur agrégé à la Faculté des lettres de Paris

\# 5616
A

Yf 6571

NICOMÈDE

DE L'IMPRIMERIE DE CRAPELET
RUE DE VAUGIRARD, 9

NICOMÈDE

TRAGÉDIE

DE P. CORNEILLE

ANNOTÉE

PAR M. GERUZEZ

Professeur agrégé à la Faculté des lettres de Paris

PARIS

LIBRAIRIE DE L. HACHETTE ET Cie

RUE PIERRE-SARRAZIN, N° 12

(QUARTIER DE L'ÉCOLE DE MÉDECINE)

1848

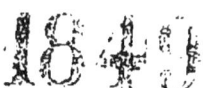

NICOMÈDE.

AU LECTEUR.

Voici une pièce d'une constitution assez extraordinaire : aussi est-ce la vingt et unième que j'ai fait voir sur le théâtre ; et, après avoir fait réciter quarante mille vers, il est bien malaisé de trouver quelque chose de nouveau, sans s'écarter un peu du grand chemin, et se mettre au hasard de s'égarer. La tendresse et les passions, qui doivent être l'âme des tragédies, n'ont aucune part en celle-ci ; la grandeur de courage y règne seule, et regarde son malheur d'un œil si dédaigneux qu'il n'en saurait arracher une plainte. Elle y est combattue par la politique, et n'oppose à ses artifices qu'une prudence généreuse, qui marche à visage découvert, qui prévoit le péril sans s'émouvoir, et ne veut point d'autre appui que celui de sa vertu, et de l'amour qu'elle imprime dans les cœurs de tous les peuples. L'histoire qui m'a prêté de quoi la faire paraître en ce haut degré est tirée de Justin : et voici comme il la raconte à la fin de son trente-quatrième livre :

« En même temps Prusias, roi de Bithynie, prit dessein de faire assassiner son fils Nicomède, pour avancer ses autres fils qu'il avait eus d'une autre femme, et qu'il faisait élever à Rome : mais ce dessein fut découvert à ce jeune prince par ceux mêmes qui l'avaient entrepris : ils firent plus ils l'exhortèrent à rendre la pareille à un père si cruel, et faire retomber sur sa tête les embûches qu'il lui avait préparées, et n'eurent pas grande peine à le persuader. Sitôt donc qu'il fut entré dans le royaume de son père, qui l'avait appelé auprès de lui, il fut proclamé roi ; et Prusias, chassé du trône, et délaissé même de ses domestiques, quelque soin qu'il prît à se cacher, fut enfin tué par ce fils, et perdit la vie par un crime aussi grand que celui qu'il avait commis en donnant les ordres de l'assassiner. »

J'ai ôté de ma scène l'horreur d'une catastrophe si barbare, et n'ai donné ni au père ni au fils aucun dessein de parricide. J'ai fait ce dernier amoureux de Laodice, afin que l'union d'une couronne voisine donnât plus d'ombrage aux Romains, et leur fît prendre plus de soin d'y mettre un obstacle de leur part. J'ai approché de cette histoire celle de la mort d'Annibal, qui arriva un peu auparavant chez ce même roi, et dont le nom n'est pas un petit ornement à mon ouvrage ; j'en ai fait Nicomède disciple, pour lui prêter plus de valeur et plus de fierté contre les Romains ; et, prenant l'occasion de l'ambassade où Flaminius fut envoyé par eux vers ce roi leur allié pour demander qu'on remît entre leurs mains ce vieil ennemi de leur grandeur, je l'ai chargé d'une commission secrète de traverser ce mariage, qui leur devait donner de la jalousie. J'ai fait que, pour gagner l'esprit de la reine, qui, suivant l'ordinaire des secondes femmes, avait tout pouvoir sur celui de son vieux mari, il lui ramène un de ses fils, que mon auteur m'apprend avoir été nourri à Rome. Cela fait deux effets ; car, d'un côté, il obtient la perte d'Annibal par le moyen de cette mère ambitieuse, et, de l'autre, il oppose à Nicomède un rival appuyé de toute la faveur des Romains, jaloux de sa gloire et de sa grandeur naissante.

Les assassins qui découvrirent à ce prince les sanglants desseins de son père m'ont donné jour à d'autres artifices pour le faire tomber dans les embûches que sa belle-mère lui avait préparées ; et pour la fin, je l'ai réduite en sorte que tous mes personnages y agissent avec générosité, et que les uns rendant ce qu'ils doivent à la vertu, et les autres demeurant dans la fermeté de leur devoir, laissent un exemple assez illustre, et une conclusion assez agréable.

La représentation n'en a point déplu; et comme ce ne sont pas les moindres vers qui soient partis de ma main, j'ai sujet d'espérer que la lecture n'ôtera rien à cet ouvrage de la réputation qu'il s'est acquise jusqu'ici, et ne le fera point juger indigne de suivre ceux qui l'ont précédé. Mon principal but a été de peindre la politique des Romains au dehors, et comme ils agissaient impérieusement avec les rois leurs alliés; leurs maximes pour les empêcher de s'accroître, et les soins qu'ils prenaient de traverser leur grandeur, quand elle commençait à leur devenir suspecte à force de s'augmenter et de se rendre considérable par de nouvelles conquêtes. C'est le caractère que j'ai donné à leur république en la personne de leur ambassadeur Flaminius, qui rencontre un prince intrépide, qui voit sa perte assurée sans s'ébranler, et brave l'orgueilleuse masse de leur puissance, lors même qu'il en est accablé. Ce héros de ma façon sort un peu des règles de la tragédie, en ce qu'il ne cherche point à faire pitié par l'excès de ses malheurs : mais le succès a montré que la fermeté des grands cœurs, qui n'excite que de l'admiration dans l'âme du spectateur, est quelquefois aussi agréable que la compassion que notre art nous commande de mendier par leurs misères. Il est bon de hasarder un peu, et ne s'attacher pas toujours si servilement à ses préceptes, ne fût-ce que pour pratiquer celui de notre Horace :

Et mihi res, non me rebus, submittere conor.

Mais il faut que l'événement justifie cette hardiesse; et dans une liberté de cette nature on demeure coupable, à moins que d'être fort heureux.

PERSONNAGES.

PRUSIAS, roi de Bithynie.
FLAMINIUS, ambassadeur de Rome.
ARSINOÉ, seconde femme de Prusias.
LAODICE, reine d'Arménie.
NICOMÈDE, fils aîné de Prusias, sorti du premier lit.
ATTALE, fils de Prusias et d'Arsinoé.
ARASPE, capitaine des gardes de Prusias.
CLÉONE, confidente d'Arsinoé.

La scène est à Nicomédie.

NICOMÈDE.

ACTE PREMIER.

SCÈNE I.

NICOMÈDE, LAODICE.

LAODICE.
Après tant de hauts faits, il m'est bien doux, seigneur,
De voir encor mes yeux régner sur votre cœur [1];
De voir, sous les lauriers qui vous couvrent la tête,
Un si grand conquérant être encor ma conquête [2],

---

[1] « On ne voit point ses yeux : cette figure manque un peu de justesse ; mais c'est une faute légère. » (*Voltaire.*) — Laodice ne voit pas ses yeux, mais elle voit que ses yeux règnent encore sur le cœur de Nicomède. Voltaire ne s'y est pas mépris ; mais il n'a pas voulu sacrifier une plaisanterie qu'il croyait bonne : c'est une irrévérence *légère*.

[2] « Corneille paraît affectionner ces vers d'antithèses :

> Ce qu'il doit au vaincu brûlant pour le vainqueur.
> Et pour être invaincu l'on n'est pas invincible.
> J'irai sous mes cyprès accabler ses lauriers.

Ces figures ne doivent pas être prodiguées. Racine s'en sert très-rarement : cependant il a imité ce vers dans *Andromaque* :

> Mener en conquérant sa superbe conquête.

Il dit aussi :

> Vous me voulez aimer, et je ne puis vous plaire.
> Vous m'aimeriez, madame, en me voulant haïr.

> « .... Non ego paucis
> « Offendar maculis.... »

(*Voltaire.*)

Et de toute la gloire acquise à ses travaux
Faire un illustre hommage à ce peu que je vaux.
Quelques biens toutefois que le ciel me renvoie,
Mon cœur épouvanté se refuse à la joie :
Je vous vois à regret, tant mon cœur amoureux
Trouve la cour pour vous un séjour dangereux.
Votre marâtre y règne, et le roi votre père
Ne voit que par ses yeux, seule la considère,
Pour souveraine loi n'a que sa volonté :
Jugez après cela de votre sûreté.
La haine que pour vous elle a si naturelle [1]
A mon ocasion encor se renouvelle.
Votre frère son fils, depuis peu de retour...

NICOMÈDE.

Je le sais, ma princesse, et qu'il vous fait la cour.
Je sais que les Romains, qui l'avaient en otage,
L'ont enfin renvoyé pour un plus digne ouvrage;
Que ce don à sa mère était le prix fatal
Dont leur Flaminius marchandait Annibal [2];
Que le roi par son ordre eût livré ce grand homme,
S'il n'eût par le poison lui-même évité Rome,
Et rompu par sa mort les spectacles pompeux [3]

---

[1] « L'inversion de ce vers gâte et obscurcit un sens clair, qui est : *la haine naturelle qu'elle a pour vous*. Que Racine dit la même chose bien plus élégamment !

Des droits de ses enfants une mère jalouse
Pardonne rarement au fils d'une autre épouse. »

(*Voltaire.*) — Les vers de Racine sont élégants ; mais l'inversion reprochée à Corneille n'amène aucune obscurité.

[2] « Cette expression populaire, *marchandait*, devient ici très-énergique et très-noble, par l'opposition du grand nom d'Annibal, qui inspire du respect. On dirait très-bien, même en prose : cet empereur, après avoir *marchandé* la couronne, trafiqua du sang des nations : mais ce *don dont leur Flaminius* n'est ni harmonieux ni français ; on ne marchande point d'un don. » (*Voltaire.*) — *Marchandait* ne se rapporte pas à *don*, mais à *prix*; *dont* est dans le sens d'*auquel*, et l'emploi de la préposition *de* n'est pas un solécisme, mais un archaïsme, différence que Voltaire oublie trop souvent pour se donner le plaisir de dire : « Ceci n'est pas français. »

[3] « *Rompre des spectacles* n'est pas français. Par une singularité commune à toutes les langues, on interrompt des spectacles, quoiqu'on ne les rompe pas ; on corrompt le goût, on ne le rompt pas. » (*Voltaire.*) — On *interrompt* les spectacles quand ils sont

Où l'effroi de son nom le destinait chez eux.
Par mon dernier combat je voyais réunie
La Cappadoce entière avec la Bithynie,
Lorsqu'à cette nouvelle, enflammé de courroux
D'avoir perdu mon maître, et de craindre pour vous,
J'ai laissé mon armée aux mains de Théagène,
Pour voler en ces lieux au secours de ma reine.
Vous en aviez besoin, madame, et je le voi,
Puisque Flaminius obsède encor le roi.
Si de son arrivée Annibal fut la cause,
Lui mort, ce long séjour prétend quelque autre chose,
Et je ne vois que vous qui le puisse arrêter[1],
Pour aider à mon frère à vous persécuter[2].

LAODICE.

Je ne veux point douter que sa vertu romaine
N'embrasse avec chaleur l'intérêt de la reine :
Annibal, qu'elle vient de lui sacrifier,
L'engage en sa querelle, et m'en fait défier.
Mais, seigneur, jusqu'ici j'aurais tort de m'en plaindre :
Et, quoi qu'il entreprenne, avez-vous lieu de craindre?
Ma gloire et mon amour peuvent bien peu sur moi,
S'il faut votre présence à soutenir ma foi[3],
Et si je puis tomber en cette frénésie
De préférer Attale au vainqueur de l'Asie;
Attale, qu'en otage ont nourri les Romains,
Ou plutôt qu'en esclave ont façonné leurs mains,
Sans lui rien mettre au cœur qu'une crainte servile
Qui tremble à voir un aigle, et respecte un édile[4]!

---

commencés; on les *rompt* s'ils sont en projet. Donc, *rompre des spectacles* est français, et de plus l'expression est hardie et poétique. *Où* est dans le sens d'*auxquels*.

1 On n'a pas remarqué dans ce vers une syllepse très-hardie : *qui le puisse* après *vous* n'est pas régulier grammaticalement ; l'accord se fait comme s'il y avait : « Je ne vois personne, vous exceptée, qui le puisse arrêter. »

2 « *Aider à quelqu'un* est une expression populaire : *aidez-lui à marcher*; il faut : *pour aider mon frère*. » (*Voltaire.*) — Si *aider à quelqu'un* est une expression populaire, c'est qu'elle est ancienne, et le vieux Corneille l'emploie très-légitimement.

3 *A* soutenir *pour* soutenir.

4 « *La crainte qui tremble* paraît une expression faible et négligée, un pléonasme. Ce vers est très-beau :

Qui tremble à voir un aigle et respecte un édile. »

(*Voltaire.*)

NICOMÈDE.
Plutôt, plutôt la mort, que mon esprit jaloux
Forme des sentiments si peu dignes de vous!
Je crains la violence, et non votre faiblesse,
Et si Rome une fois contre nous s'intéresse [1]...

LAODICE.
Je suis reine, seigneur, et Rome a beau tonner,
Elle ni votre roi n'ont rien à m'ordonner :
Si de mes jeunes ans il est dépositaire,
C'est pour exécuter les ordres de mon père :
Il m'a donnée à vous, et nul autre que moi
N'a droit de l'en dédire, et me choisir un roi [2].
Par son ordre et le mien, la reine d'Arménie
Est due à l'héritier du roi de Bithynie,
Et ne prendra jamais un cœur assez abject
Pour se laisser réduire à l'hymen d'un sujet.
Mettez-vous en repos.

NICOMÈDE.
        Et le puis-je, madame,
Vous voyant exposée aux fureurs d'une femme
Qui, pouvant tout ici, se croira tout permis
Pour se mettre en état de voir régner son fils?
Il n'est rien de si saint qu'elle ne fasse enfreindre.
Qui livrait Annibal pourra bien vous contraindre,
Et saura vous garder même fidélité
Qu'elle a gardée aux droits de l'hospitalité.

LAODICE.
Mais ceux de la nature ont-ils un privilége
Qui vous assure d'elle après ce sacrilége?
Seigneur, votre retour, loin de rompre ses coups,
Vous expose vous-même, et m'expose après vous.
Comme il est fait sans ordre, il passera pour crime,
Et vous serez bientôt la première victime

---

1 « On se ligue, on entreprend, on agit, on conspire *contre*, mais on s'intéresse *pour*. Cependant je crois qu'on peut dire en vers : *s'intéresse contre nous* : c'est une espèce d'ellipse. » (*Voltaire.*) — Il n'y a point d'ellipse ; *s'intéresser* signifie *prendre parti*. Dès lors on peut *s'intéresser pour* ou *contre*. Corneille n'a pas besoin d'excuse, et Voltaire est inexcusable d'en proposer une mauvaise.

2 *Me choisir.* Il y a ici ellipse de la préposition *de*, qui devrait être répétée, parce que les deux verbes n'ont ni même régime direct, ni même régime indirect.

Que la mère et le fils, ne pouvant m'ébranler,
Pour m'ôter mon appui se voudront immoler.
Si j'ai besoin de vous de peur qu'on me contraigne¹,
J'ai besoin que le roi, qu'elle-même vous craigne.
Retournez à l'armée, et pour me protéger
Montrez cent mille bras tout prêts à me venger.
Parlez la force en main, et hors de leur atteinte :
S'ils vous tiennent ici, tout est pour eux sans crainte²;
Et ne vous flattez point ni sur votre grand cœur,
Ni sur l'éclat d'un nom cent et cent fois vainqueur :
Quelque haute valeur que puisse être la vôtre³,
Vous n'avez en ces lieux que deux bras comme un autre⁴,
Et fussiez-vous du monde et l'amour et l'effroi,
Quiconque entre au palais porte sa tête au roi.
Je vous le dis encor, retournez à l'armée,
Ne montrez à la cour que votre renommée,
Assurez votre sort pour assurer le mien :
Faites que l'on vous craigne, et je ne craindrai rien.

NICOMÈDE.

Retourner à l'armée ! ah ! sachez que la reine
La sème d'assassins achetés par sa haine.
Deux s'y sont découverts, que j'amène avec moi
Afin de la convaincre et détromper le roi⁵.

1 « Il faudrait, pour que la phrase fût exacte, la négation *ne* : « qu'on *ne* me contraigne. » En général, voici la règle : quand les Latins emploient le *ne* nous l'employons aussi : *vereor ne cadat*, je crains qu'il *ne* tombe ; mais, quand les Latins se servent d'*ut*, *utrum*, nous supprimons ce *ne* : « dubito utrum eas, » je doute que vous alliez ; *opto ut vivas*, je souhaite que vous viviez. Quand *je doute* est accompagné d'une négation, *je ne doute pas*, on la redouble pour exprimer la même chose : *je ne doute pas que vous ne l'aimiez*. La suppression du *ne*, dans le cas où il est d'usage, est une licence qui n'est permise que quand la force de l'expression la fait pardonner. » (*Voltaire*.)

2 Il veut dire : *tout est sûr pour eux, ils n'ont rien à craindre*.

3 « Ce vers est défectueux. Il est vrai qu'il n'était pas facile, mais ce sont ces mêmes difficultés qui, lorsqu'elles sont vaincues, rendent la belle poésie si supérieure à la prose. » (*Voltaire*.) — Il n'y aurait eu aucun embarras si Corneille eût pu dire, comme on aurait fait un ou deux siècles avant : *Quelle haute valeur que puisse être la vôtre*; mais ce malheureux *quelque que*, si inutile et si disgracieux, avait déjà prévalu.

4 « Voilà de ces vers de comédie qu'on se permettait trop souvent dans le style noble. » (*Voltaire*.)

5 « Il faut, pour l'exactitude : *et de détromper* ; mais cette li-

Quoiqu'il soit son époux, il est encor mon père,
Et, quand il forcera la nature à se taire,
Trois sceptres à son trône attachés par mon bras
Parleront au lieu d'elle, et ne se tairont pas [1].
Que si notre fortune à ma perte animée
La prépare à la cour aussi bien qu'à l'armée,
Dans ce péril égal qui me suit en tous lieux,
M'envierez-vous l'honneur de mourir à vos yeux?

LAODICE.

Non, je ne vous dis plus désormais que je tremble,
Mais que, s'il faut périr, nous périrons ensemble.
　Armons-nous de courage, et nous ferons trembler
Ceux dont les lâchetés pensent nous accabler.
Le peuple ici vous aime, et hait ces cœurs infâmes;
Et c'est être bien fort que régner sur tant d'âmes.
Mais votre frère Attale adresse ici ses pas.

NICOMÈDE.

Il ne m'a jamais vu, ne me découvrez pas [2].

---

cence est souvent très-excusable en vers; il n'est pas permis de la prendre en prose. » (*Voltaire.*)

[1] «Toute métaphore, comme on l'a dit, pour être bonne, doit être une image qu'on puisse peindre; mais comment peindre trois sceptres qu'un bras attache à un trône. D'ailleurs puisque les sceptres parleront, il est clair qu'ils ne se tairont pas. Ces sortes de pléonasmes sont les plus vicieux; ils retombent quelquefois dans ce qu'on appelle le style niais. » (*Voltaire.*) — Corneille n'aurait pas commis cette faute du temps où il disait :

> Deux sceptres en ma main, Albe à Rome asservie,
> Parlent bien hautement en faveur de sa vie.

Ajoutons encore à la remarque de Voltaire que les sceptres ne s'attachent pas aux trônes. Les quatre vers qui suivent sont d'un beau style et d'un tour digne de Corneille.

[2] «Il serait mieux, à mon avis, que Nicomède apportât quelque raison qui fit voir qu'il ne doit pas être reconnu par son frère avant d'avoir parlé au roi. Il semble que Nicomède veuille seulement se procurer ici le plaisir d'embarrasser son frère, et que l'auteur ne songe qu'à ménager une de ces scènes théâtrales. Celle-ci est plutôt de la haute comédie que de la tragédie; elle est attachante; et quoiqu'elle ne produise rien dans la pièce, elle fait plaisir.» (*Voltaire.*) — Elle dessine le caractère de Nicomède, et c'est quelque chose. Le goût de raillerie, qui est un des traits principaux de la physionomie de Nicomède, amène naturellement cette scène, qui échappe ainsi à toutes les critiques de Voltaire.

SCÈNE II.

LAODICE, NICOMÈDE, ATTALE.

ATTALE.
Quoi! madame, toujours un front inexorable!
Ne pourrai-je surprendre un regard favorable,
Un regard désarmé de toutes ces rigueurs,
Et tel qu'il est enfin quand il gagne les cœurs?
LAODICE.
Si ce front est mal propre à m'acquérir le vôtre [1],
Quand j'en aurai dessein, j'en saurai prendre un autre.
ATTALE.
Vous ne l'acquerrez point, puisqu'il est tout à vous.
LAODICE.
Je n'ai donc pas besoin d'un visage plus doux.
ATTALE.
Conservez-le, de grâce, après l'avoir su prendre.
LAODICE.
C'est un bien mal acquis que j'aime mieux vous rendre [2].
ATTALE.
Vous l'estimez trop peu pour le vouloir garder.
LAODICE.
Je vous estime trop pour vouloir rien farder.

---

1 « *Mal propre*, dans toutes ses acceptions, est absolument banni du style noble; et, par la construction, il semble que le front de Laodice soit mal propre à acquérir le front d'Attale; de plus, *prendre un front* est un barbarisme. On dit bien : *il prit un visage sévère, un front serein* ou *triste*; mais, en général, on ne peut pas dire *prendre un front*, parce qu'on ne peut pas prendre ce qu'on a. Il faut ajouter une épithète qui marque le sentiment qu'on peint sur son front, sur son visage. » (*Voltaire.*) — L'épithète est placée plus haut; c'est le *front inexorable* dont Attale a parlé. Voltaire a raison sur *mal propre*, qui choque, même dans la comédie, témoin ce vers du *Misanthrope* :

La mal propre sur soi, de peu d'attraits chargée.

2 « Laodice commence à prendre le ton de l'ironie. Corneille l'a prodiguée dans cette pièce d'un bout à l'autre. Il ne faut pas soutenir un ouvrage entier par la même figure. *Un bien mal acquis est comique.* » (*Voltaire.*)

Votre rang et le mien ne sauraient le permettre :
Pour garder votre cœur je n'ai pas où le mettre [1];
La place est occupée, et je vous l'ai tant dit,
Prince, que ce discours vous dût être interdit :
On le souffre d'abord, mais la suite importune.

ATTALE.

Que celui qui l'occupe a de bonne fortune !
Et que serait heureux qui pourrait aujourd'hui [2]
Disputer cette place, et l'emporter sur lui !

NICOMÈDE.

La place à l'emporter coûterait bien des têtes,
Seigneur : ce conquérant garde bien ses conquêtes,
Et l'on ignore encor parmi ses ennemis
L'art de reprendre un fort qu'une fois il a pris.

ATTALE.

Celui-ci toutefois peut s'attaquer de sorte
Que, tout vaillant qu'il est, il faudra qu'il en sorte [3].

LAODICE.

Vous pourriez vous méprendre.

ATTALE.

                    Et si le roi le veut [4]?

LAODICE.

Le roi, juste et prudent, ne veut que ce qu'il peut.

---

[1] « Après les beaux vers que Laodice a débités dans la scène précédente, et va débiter encore, on ne peut sans chagrin lui voir prendre si souvent le ton du bas comique. » (*Voltaire.*)

[2] « *Que serait heureux qui* n'est pas français : *Qu'ils sont heureux ceux qui peuvent aimer !* c'est un fort joli vers ; *Que sont heureux ceux qui peuvent aimer !* est un barbarisme. Remarquez qu'un seul mot de plus ou de moins suffit pour gâter absolument les plus nobles pensées et les plus belles expressions. » (*Voltaire.*) — *Que* est ici pour *combien*, et n'est pas un barbarisme, pas plus que dans ce vers de La Fontaine :

> *Que* vous êtes joli ! *que* vous me semblez beau !

[3] « Le sens grammatical est : *quelque vaillant que soit ce fort, il faudra qu'il sorte* : Corneille veut dire : *quelque vaillant que soit le conquérant* : mais il ne le dit pas. » (*Voltaire.*) — Oui, mais il n'y a pas à s'y méprendre.

[4] « On peut faire ici une réflexion. Attale parle de son amour, et des intérêts de l'État, et des secrets du roi, devant un inconnu : cela n'est pas conforme à la prudence dont Attale est souvent loué dans la pièce ; mais aussi, sans ce défaut, la scène ne subsisterait pas ; et quelquefois on souffre des fautes qui amènent des beautés. » (*Voltaire.*)

ACTE I, SCÈNE II.

ATTALE.
Et que ne peut ici la grandeur souveraine?
LAODICE.
Ne parlez pas si haut : s'il est roi, je suis reine,
Et vers moi tout l'effort de son autorité
N'agit que par prière et par civilité.
ATTALE.
Non, mais agir ainsi souvent c'est beaucoup dire
Aux reines comme vous qu'on voit dans son empire [1],
Et si ce n'est assez des prières d'un roi,
Rome qui m'a nourri vous parlera pour moi.
NICOMÈDE.
Rome, seigneur!
ATTALE.
Oui, Rome; en êtes-vous en doute?
NICOMÈDE.
Seigneur, je crains pour vous qu'un Romain vous écoute;
Et si Rome savait de quels feux vous brûlez,
Bien loin de vous prêter l'appui dont vous parlez,
Elle s'indignerait de voir sa créature
A l'éclat de son nom faire une telle injure,
Et vous dégraderait peut-être dès demain
Du titre glorieux de citoyen romain.
Vous l'a-t-elle donné pour mériter sa haine
En le déshonorant par l'amour d'une reine?
Et ne savez-vous plus qu'il n'est princes ni rois
Qu'elle daigne égaler à ses moindres bourgeois [2]?
Pour avoir tant vécu chez ces cœurs magnanimes,
Vous en avez bientôt oublié les maximes.
Reprenez un orgueil digne d'elle et de vous;
Remplissez mieux un nom sous qui nous tremblons tous [3],

---

[1] Attale manque ici de politesse et fait mal sa cour.

[2] « *Bourgeois* : cette expression est bannie du style noble. Elle y était admise à Rome, et l'est encore dans les républiques : le *droit de bourgeoisie*, le *titre de bourgeois*. Elle a perdu chez nous de sa dignité, peut-être parce que nous ne jouissons pas des droits qu'elle exprime. Un bourgeois dans une république est, en général, un homme capable de parvenir aux emplois; dans un État monarchique, c'est un homme du commun. Aussi ce mot est-il ironique dans la bouche de Nicomède, et n'ôte rien à la noble fermeté de son discours. » (*Voltaire.*)

[3] On voit à ce trait que Nicomède seul ne tremble pas au nom de Rome.

Et sans plus l'abaisser à cette ignominie
D'idolâtrer en vain la reine d'Arménie,
Songez qu'il faut du moins, pour toucher votre cœur,
La fille d'un tribun ou celle d'un préteur;
Que Rome vous permet cette haute alliance,
Dont vous aurait exclu le défaut de naissance,
Si l'honneur souverain de son adoption
Ne vous autorisait à tant d'ambition.
Forcez, rompez, brisez de si honteuses chaînes;
Aux rois qu'elle méprise abandonnez les reines,
Et concevez enfin des vœux plus élevés,
Pour mériter les biens qui vous sont réservés.

ATTALE.

Si cet homme est à vous, imposez-lui silence,
Madame, et retenez une telle insolence.
Pour voir jusqu'à quel point elle pourrait aller,
J'ai forcé ma colère à le laisser parler [1];
Mais je crains qu'elle échappe [2], et que, s'il continue,
Je ne m'obstine plus à tant de retenue.

NICOMÈDE.

Seigneur, si j'ai raison, qu'importe à qui je sois?
Perd-elle de son prix pour emprunter ma voix [3]?
Vous-même, amour à part, je vous en fais arbitre.
  Ce grand nom de Romain est un précieux titre,
Et la reine et le roi l'ont assez acheté
Pour ne se plaire pas à le voir rejeté,
Puisqu'ils se sont privés, pour ce nom d'importance
Des charmantes douceurs d'élever votre enfance.
Dès l'âge de quatre ans ils vous ont éloigné [4];
Jugez si c'est pour voir ce titre dédaigné,
Pour vous voir renoncer, par l'hymen d'une reine,
A la part qu'ils avaient à la grandeur romaine.
D'un si rare trésor l'un et l'autre jaloux...

---

1 Ici l'emploi de la préposition *à* dans le sens de *pour* présente un sens louche. Corneille veut dire : « J'ai fait effort sur ma colère, je l'ai comprimée pour le laisser parler. »

2 « Il faudrait *qu'elle n'échappe.* » (*Voltaire.*)

3 *Elle* se rapporte à *raison.* Pour que le rapport fût parfaitement régulier, il faudrait qu'il y eût *la raison.*

4 « Ce vers est très-adroit : il paraît sans artifice; et il y a beaucoup d'art à donner ainsi une raison qui empêche évidemment qu'Attale ne reconnaisse son frère. » (*Voltaire.*)

ATTALE.

Madame, encore un coup, cet homme est-il à vous?
Et pour vous divertir est-il si nécessaire [1]
Que vous ne lui puissiez ordonner de se taire?

LAODICE.

Puisqu'il vous a déplu vous traitant de Romain,
Je veux bien vous traiter de fils de souverain.
 En cette qualité vous devez reconnaître
Qu'un prince votre aîné doit être votre maître,
Craindre de lui déplaire, et savoir que le sang
Ne vous empêche pas de différer de rang,
Lui garder le respect qu'exige sa naissance,
Et loin de lui voler son bien en son absence [2]...

ATTALE.

Si l'honneur d'être à vous est maintenant son bien,
Dites un mot, madame, et ce sera le mien;
Et si l'âge à mon rang fait quelque préjudice,
Vous en corrigerez la fatale injustice.
Mais, si je lui dois tant en fils de souverain,
Permettez qu'une fois je vous parle en Romain.
 Sachez qu'il n'en est point que le ciel n'ait fait naître
Pour commander aux rois, et pour vivre sans maître [3];
Sachez que mon amour est un noble projet
Pour éviter l'affront de me voir son sujet;
Sachez...

LAODICE.

  Je m'en doutais, seigneur, que ma couronne
Vous charmait bien du moins autant que ma personne;
Mais, telle que je suis, et ma couronne et moi,
Tout est à cet aîné qui sera votre roi,
Et s'il était ici, peut-être en sa présence
Vous penseriez deux fois à lui faire une offense.

---

[1] « Le mot *divertir*, et même les trois vers que dit Attale, sont absolument du style comique. » (*Voltaire*.)

[2] Attale est également frappé par les deux cornes d'un dilemme invincible : « Si vous êtes citoyen romain, ne descendez pas à l'hymen d'une reine; si vous êtes prince, cédez le pas à votre frère aîné. »

[3] « Ces deux vers sont de la tragédie de *Cinna*, dans le rôle d'Émilie; mais ils conviennent bien mieux à Emilie romaine qu'à un prince arménien. Au reste, cette scène est très-attachante : toutes les fois que deux personnages se bravent sans se connaître, le succès de la scène est sûr. » (*Voltaire*.)

ATTALE.
Que ne puis-je l'y voir! mon courage amoureux...
NICOMÈDE.
Faites quelques souhaits qui soient moins dangereux,
Seigneur, s'il les savait, il pourrait bien lui-même
Venir d'un tel amour venger l'objet qu'il aime.
ATTALE.
Insolent! est-ce enfin le respect qui m'est dû?
NICOMÈDE.
Je ne sais de nous deux, seigneur, qui l'a perdu.
ATTALE.
Peux-tu bien me connaître et tenir ce langage?
NICOMÈDE.
Je sais à qui je parle, et c'est mon avantage
Que, n'étant point connu, prince, vous ne savez
Si je vous dois respect, ou si vous m'en devez.
ATTALE.
Ah! madame, souffrez que ma juste colère...
LAODICE.
Consultez-en, seigneur, la reine votre mère ;
Elle entre.

SCÈNE III[1].

NICOMÈDE, ARSINOÉ, LAODICE, ATTALE, CLÉONE.

NICOMÈDE.
Instruisez mieux le prince votre fils,
Madame, et dites-lui, de grâce, qui je suis :
Faute de me connaître, il s'emporte, il s'égare,
Et ce désordre est mal dans une âme si rare :
J'en ai pitié.

---

1 « Presque toute la fin de la scène seconde et le commencement de celle-ci sont une ironie perpétuelle. » (*Voltaire.*) — L'ironie est maniée avec un tel art que cette figure familière à la comédie, et la situation d'Attale, littéralement *mystifié* par sa maîtresse et par son frère, ne font pas descendre cette scène si neuve, si attachante, si amusante même, au-dessous de la dignité tragique.

ACTE I, SCÈNE III.

ARSINOÉ.
Seigneur, vous êtes donc ici?
NICOMÈDE.
Oui, madame, j'y suis, et Métrobate aussi[1].
ARSINOÉ.
Métrobate! ah! le traître!
NICOMÈDE.
Il n'a rien dit, madame,
Qui vous doive jeter aucun trouble dans l'âme.
ARSINOÉ.
Mais qui cause, seigneur, ce retour surprenant?
Et votre armée?
NICOMÈDE.
Elle est sous un bon lieutenant;
Et quant à mon retour, peu de chose le presse.
J'avais ici laissé mon maître et ma maîtresse[2]:
Vous m'avez ôté l'un, vous, dis-je, ou les Romains,
Et je viens sauver l'autre et d'eux et de vos mains.
ARSINOÉ.
C'est ce qui vous amène?
NICOMÈDE.
Oui, madame, et j'espère
Que vous m'y servirez auprès du roi mon père.
ARSINOÉ.
Je vous y servirai comme vous l'espérez.
NICOMÈDE.
De votre bon vouloir nous sommes assurés.
ARSINOÉ.
Il ne tiendra qu'au roi qu'aux effets je ne passe[3].

---

1 « Si Nicomède eût établi dans la première scène que ce Métrobate était un des assassins gagés par Arsinoé, ce vers ferait un grand effet; mais il en fait moins, parce qu'on ne connaît pas encore ce Métrobate. » (*Voltaire.*) — Voltaire se trompe. L'effet est d'autant plus vif que Métrobate n'ayant pas été nommé, le spectateur s'applaudit de deviner, même avant l'explication d'Arsinoé, quel est cet homme.

2 « *Maîtresse*; on permettait alors ce terme peu tragique. *Maître* et *maîtresse* semblent faire ici un jeu de mots peu noble. » (*Voltaire.*)

3 « Souvent en ce temps-là on supprimait le *ne* quand il fallait l'employer, et on s'en servait quand il fallait l'omettre. Le second *ne* est ici un solécisme. *Il tient à vous*, c'est-à-dire *il dépend de vous que je passe, que je fasse, que je combatte*, etc. *Il ne tient*

NICOMÈDE.
Vous voulez à tous deux nous faire cette grâce?
ARSINOÉ.
Tenez-vous assuré que je n'oublierai rien.
NICOMÈDE.
Je connais votre cœur, ne doutez pas du mien.
ATTALE.
Madame, c'est donc là le prince Nicomède?
NICOMÈDE.
Oui, c'est moi qui viens voir s'il faut que je vous cède.
ATTALE.
Ah! seigneur, excusez si, vous connaissant mal [1]...
NICOMÈDE.
Prince, faites-moi voir un plus digne rival [2].
Si vous aviez dessein d'attaquer cette place,
Ne vous départez point d'une si noble audace :
Mais, comme à son secours je n'amène que moi,
Ne la menacez plus de Rome ni du roi.
Je la défendrai seul, attaquez-la de même,
Avec tous les respects qu'on doit au diadème.
Je veux bien mettre à part, avec le nom d'aîné,
Le rang de votre maître où [3] je suis destiné,
Et nous verrons ainsi qui fait mieux un brave homme [4],
Des leçons d'Annibal, ou de celles de Rome.
Adieu, pensez-y bien, je vous laisse y rêver.

qu'à vous est la même chose qu'il *tient à vous* : donc le *ne* suivant est un solécisme. » (*Voltaire.*)

1 « On connaît mal quand on se trompe au caractère. Laodice dit à Cléopâtre : *Je vous connaissais mal*; Photin dit : *J'ai mal connu César* ; mais quand on ignore quel est l'homme à qui l'on parle, alors il faut *je ne connaissais pas*. » (*Voltaire.*) — Voltaire n'a pas tout à fait raison dans cette minutie. *Mal* rapproché d'un verbe ou d'un adjectif équivaut souvent à une négation. Ainsi un *malcontent* ou mécontent n'est pas content du tout. Voltaire lui-même a employé mal-connaître ou, ce qui est la même chose, mé-connaître dans le sens de ne connaître pas :

Jeune et dans l'âge heureux qui *méconnaît* la crainte.
ŒDipe.

2 « Tout ce discours est noble, ferme, élevé; c'est là de la véritable grandeur; il n'y a ni ironie ni enflure. » (*Voltaire.*)

3 *Où*, auquel.

4 *Brave homme* a eu (Corneille ne le prévoyait pas) même sort que *bon homme*, et n'a rien de tragique.

SCÈNE IV.

ARSINOÉ, ATTALE, CLÉONE.

ARSINOÉ.
Quoi! tu faisais excuse à qui m'osait braver!
ATTALE.
Que ne peut point, madame, une telle surprise?
Ce prompt retour me perd, et rompt votre entreprise.
ARSINOÉ.
Tu l'entends mal, Attale, il la met dans ma main.
Va trouver de ma part l'ambassadeur romain;
Dedans [1] mon cabinet amène-le sans suite,
Et de ton heureux sort laisse-moi la conduite.
ATTALE.
Mais, madame, s'il faut...
ARSINOÉ.
Va, n'appréhende rien,
Et pour avancer tout, hâte cet entretien.

SCÈNE V.

ARSINOÉ, CLÉONE.

CLÉONE.
Vous lui cachez, madame, un dessein qui le touche!
ARSINOÉ.
Je crains qu'en l'apprenant son cœur ne s'effarouche:
Je crains qu'à la vertu par les Romains instruit
De ce que je prépare il ne m'ôte le fruit,
Et ne conçoive mal qu'il n'est fourbe ni crime
Qu'un trône acquis par là ne rende légitime [2].

---

1 *Dedans* n'est plus préposition, mais exclusivement adverbe.
2 « Ces derniers vers sont de la conversation la plus négligée, et ce sentiment est intolérable. On retrouve le même défaut toutes les fois que Corneille fait raisonner un prince, un ministre : tous

CLÉONE.

J'aurais cru les Romains un peu moins scrupuleux,
Et la mort d'Annibal m'eût fait mal juger d'eux.

ARSINOÉ.

Ne leur impute pas une telle injustice;
Un Romain seul l'a faite, et par mon artifice.
Rome l'eût laissé vivre, et sa légalité [1]
N'eût point forcé les lois de l'hospitalité.
Savante à ses dépens de ce qu'il savait faire [2],
Elle le souffrait mal auprès d'un adversaire;
Mais quoique par ce triste et prudent souvenir
De chez Antiochus [3] elle l'ait fait bannir,
Elle aurait vu couler sans crainte et sans envie
Chez un prince allié les restes de sa vie.
Le seul Flaminius, trop piqué de l'affront
Que son père défait lui laisse sur le front;
Car je crois que tu sais que, quand l'aigle romaine
Vit choir ses légions au bord du Trasimène,
Flaminius son père en était général [4],

disent qu'il faut être fourbe et méchant pour régner. On a déjà remarqué que jamais homme d'Etat ne parle ainsi. Ce défaut vient de ce qu'il est très-difficile de ménager ses expressions, et de faire entendre avec art des choses qui révoltent. C'est une grande imprudence et une grande bassesse dans une reine de dire qu'il faut être fourbe et criminel pour régner. *Un trône acquis par là* est une expression de comédie. » (*Voltaire.*)

[1] « *Légalité* n'a jamais signifié *justice, équité, magnanimité*; il signifie *authenticité d'une loi revêtue des formes ordinaires.* » (*Voltaire.*)

[2] « *Savante de* est un barbarisme : *savante, savait,* répétition fautive. » (*Voltaire.*) — Ce barbarisme, si barbarisme il y a, est une récidive, car Corneille avait déjà dit dans *Mélite*, act. V, sc. III :

Savante à mes dépens de leur peu de durée.

[3] « Expression trop basse, *de chez lui, de chez nous.* » (*Voltaire.*)

[4] « Corneille donne ici, contre la vérité historique, l'exemple d'une licence qui, à ce que nous croyons, ne doit jamais être imitée. Le Flaminius qu'il introduit dans sa pièce n'était point du tout, comme il le suppose, fils du général qui fut vaincu, et qui périt à la journée de Trasimène. Ces deux Flaminius n'avaient pas même une origine commune. Celui qui combattit contre Annibal se nommait Caïus Flaminius, et sa famille était plébéienne; l'autre, patricien de naissance, se nommait Titus Quintus, et fut en effet député à la cour de Prusias pour y demander, au nom des Romains, Annibal, qui s'était réfugié chez ce prince. » (*Voltaire.*)

ACTE I, SCÈNE V.

Et qu'il y tomba mort de la main d'Annibal;
Ce fils donc, qu'a pressé la soif de la vengeance,
S'est aisément rendu de mon intelligence[1] :
L'espoir d'en voir l'objet[2] entre ses mains remis
A pratiqué par lui le retour de mon fils;
Par lui j'ai jeté Rome en haute jalousie[3]
De ce que Nicomède a conquis dans l'Asie,
Et de voir Laodice unir tous ses États,
Par l'hymen de ce prince, à ceux de Prusias :
Si bien que le sénat prenant un juste ombrage
D'un empire si grand sous un si grand courage,
Il s'en est fait nommer lui-même ambassadeur[4],
Pour rompre cet hymen, et borner sa grandeur;
Et voilà le seul point où Rome s'intéresse[5].

CLÉONE.
Attale à ce dessein entreprend sa maîtresse[6] !
Mais que n'agissait Rome avant que le retour
De cet amant si cher affermît son amour?

ARSINOÉ.
Irriter un vainqueur en tête d'une armée
Prête à suivre en tous lieux sa colère allumée,
C'était trop hasarder, et j'ai cru pour le mieux[7]
Qu'il fallait de son fort l'attirer en ces lieux.
Métrobate l'a fait, par des terreurs paniques,
Feignant de lui trahir mes ordres tyranniques[8],

---

1 « S'est aisément rendu de mon intelligence n'est pas français; on est en intelligence, on se rend du parti de quelqu'un. » (*Voltaire.*)

2 *Objet* se rapporte à *vengeance.*

3 « On inspire de la jalousie, on la fait naître : la jalousie ne peut être haute; elle est grande, elle est violente, soupçonneuse, etc. » (*Voltaire.*)

4 *Il* se rapporte à Flaminius, et *sa grandeur* à Nicomède. Corneille ne s'est pas donné la peine d'être parfaitement clair.

5 « Pourquoi Arsinoé dit-elle tout cela à une confidente inutile? Cléopâtre, dans *Rodogune,* tombe dans le même défaut. La plupart des confidences sont froides et déplacées, à moins qu'elles ne soient nécessaires : il faut qu'un personnage paraisse avoir besoin de parler, et non pas envie de parler. » (*Voltaire.*)

6 « Ce vers n'est pas français. » (*Voltaire.*) — *Entreprendre,* dans le sens que lui donne ici Corneille, est d'une extrême familiarité.

7 « *Pour le mieux,* expression de comédie. » (*Voltaire.*)

8 « Il faut *de lui dévoiler, de lui déceler, de lui apprendre, de*

Et pour l'assassiner se disant suborné,
Il l'a, grâces aux dieux, doucement amené.
Il vient s'en plaindre au roi, lui demander justice [1],
Et sa plainte le jette au bord du précipice.
Sans prendre aucun souci de m'en justifier,
Je saurai m'en servir à me fortifier.
Tantôt en le voyant j'ai fait de l'effrayée [2],
J'ai changé de couleur, je me suis écriée;
Il a cru me surprendre, et l'a cru bien en vain,
Puisque son retour même est l'œuvre de ma main.

CLÉONE.
Mais, quoi que Rome fasse, et qu'Attale prétende,
Le moyen qu'à ses yeux Laodice se rende?

ARSINOÉ.
Et je n'engage aussi mon fils en cet amour
Qu'à dessein d'éblouir le roi, Rome et la cour.
  Je n'en veux pas, Cléone, au sceptre d'Arménie :
Je cherche à m'assurer celui de Bithynie,
Et si ce diadème une fois est à nous,
Que cette reine après se choisisse un époux.
Je ne la vais presser que pour la voir rebelle,
Que pour aigrir les cœurs de son amant et d'elle.
Le roi que le Romain poussera vivement,
De peur d'offenser Rome agira chaudement;
Et ce prince, piqué d'une juste colère,
S'emportera sans doute, et bravera son père.
S'il est prompt et bouillant, le roi ne l'est pas moins,

trahir mes ordres tyranniques en sa faveur. » (Voltaire.) — Corneille, fidèle à l'étymologie, prend trahir (*tradere*) dans le sens de *livrer*; comme il a déjà fait dans *Polyeucte*, act. III, sc. III :

  J'ai trahi la justice à l'amour maternel.

1. Voltaire a transformé ce vers en trait de satire à l'adresse de Le Franc de Pompignan :

  Je vais me plaindre au roi, qui me rendra justice.

              (*La Vanité*, satire.)

2. « Les comédiens ont corrigé, *j'ai feint d'être effrayée*. » (Voltaire.) — Les comédiens devraient se corriger de leur manie de correction. *Faire de l'effrayée* est un idiotisme qu'il faut respecter. Les langues ne se conservent que par le maintien des tours qui leur sont propres. C'est dans le même sens que notre poète a dit ailleurs :

  J'ai fait de l'insensible.

Et comme à l'échauffer j'appliquerai mes soins [1],
Pour peu qu'à de tels coups cet amant soit sensible,
Mon entreprise est sûre, et sa perte infaillible.
 Voilà mon cœur ouvert, et tout ce qu'il prétend.
Mais dans mon cabinet Flaminius m'attend:
Allons, et garde bien le secret de ta reine.

CLÉONE.

Vous me connaissez trop pour vous en mettre en peine [2].

1 « Cette phrase et ce tour, qui commencent par *comme*, sont familiers à Corneille. Il n'y en a aucun exemple dans Racine. Ce tour est un peu trop prosaïque : il réussit quelquefois ; mais il ne faut pas en faire un trop fréquent usage. » (*Voltaire.*)

2 « Cela est trop trivial, et ce vers fait trop voir l'inutilité du rôle de Cléone : c'est un très-grand art de savoir intéresser les confidents à l'action. Néarque, dans *Polyeucte,* montre comment un confident peut être nécessaire. Cette scène est froide et mal écrite. » (*Voltaire.*)

FIN DU PREMIER ACTE.

ACTE DEUXIÈME.

SCÈNE I.

PRUSIAS, ARASPE.

PRUSIAS.
Revenir sans mon ordre, et se montrer ici !
ARASPE.
Sire, vous auriez tort d'en prendre aucun souci,
Et la haute vertu du prince Nicomède
Pour ce qu'on peut en craindre est un puissant remède ;
Mais tout autre que lui devrait être suspect :
Un retour si soudain manque un peu de respect,
Et donne lieu d'entrer en quelque défiance
Des secrètes raisons de tant d'impatience.
PRUSIAS.
Je ne les vois que trop, et sa témérité
N'est qu'un pur attentat sur mon autorité :
Il n'en veut plus dépendre, et croit que ses conquêtes
Au-dessus de son bras ne laissent point de têtes[1] ;
Qu'il est lui seul sa règle, et que sans se trahir
Des héros tels que lui ne sauraient obéir.
ARASPE.
C'est d'ordinaire ainsi que ses pareils agissent :
A suivre leur devoir leurs hauts faits se ternissent,
Et ces grands cœurs, enflés du bruit de leurs combats,
Souverains dans l'armée, et parmi leurs soldats,
Font du commandement une douce habitude,
Pour qui l'obéissance est un métier bien rude.
PRUSIAS.
Dis tout, Araspe, dis que le nom de sujet

[1] Voltaire se récrie contre ces *têtes au-dessus d'un bras*.

ACTE II, SCÈNE I.

Réduit toute leur gloire en un rang trop abject[1];
Que, bien que leur naissance au trône les destine,
Si son ordre est trop lent, leur grand cœur s'en mutine[2];
Qu'un père garde trop un bien qui leur est dû,
Et qui perd de son prix étant trop attendu;
Qu'on voit naître de là mille sourdes pratiques
Dans le gros de son peuple, et dans ses domestiques[3],
Et que si l'on ne va jusqu'à trancher le cours
De son règne ennuyeux, et de ses tristes jours,
Du moins une insolente et fausse obéissance,
Lui laissant un vain titre, usurpe sa puissance.

ARASPE.

C'est ce que de tout autre il faudrait redouter,
Seigneur, et qu'en tout autre il faudrait arrêter.
Mais ce n'est pas pour vous un avis nécessaire;
Le prince est vertueux, et vous êtes bon père.

PRUSIAS.

Si je n'étais bon père, il serait criminel[4]:
Il doit son innocence à l'amour paternel;
C'est lui seul qui l'excuse, et qui le justifie,
Ou lui seul qui me trompe, et qui me sacrifie :

---

[1] « Qu'est-ce que le rang d'une gloire? On ne réduit pas *en*, on réduit *à*. Presque tout le style de cette pièce est vicieux : la raison en est que l'auteur emploie le ton de la conversation familière, dans laquelle on se permet beaucoup d'impropriétés, et souvent des solécismes et des barbarismes. Le style de la conversation peut être admis dans une comédie héroïque, mais il faut que ce soit la conversation des Condé, des La Rochefoucauld, des Retz, des Pascal, des Arnauld. » (*Voltaire.*)

[2] « L'ordre de qui? de la naissance? Cela ne fait point de sens; et *mutine* n'est ni assez fort ni assez relevé. » (*Voltaire.*)

[3] « Ces expressions n'appartiennent qu'au style familier de la comédie. » (*Voltaire.*) — Racine a su les ennoblir (*Esther*, act. I, sc. V) :

> J'ai découvert au roi les sanglantes pratiques
> Que formaient contre lui deux ingrats domestiques.

[4] « On retrouve un peu Corneille dans cette tirade, quoique la même pensée y soit répétée et retournée en plusieurs façons; ce qui était un vice commun en ce temps-là. Mais à quoi bon tous ces discours? Que veut Prusias? Rien. Quelle résolution prend-il avec Araspe? Aucune. Cette scène paraît peu nécessaire, ainsi que celle d'Arsinoé et de sa confidente. En général, toute scène entre un personnage principal et un confident est froide, à moins que ce personnage n'ait un secret important à confier, un grand dessein à faire réussir, une passion furieuse à développer. » (*Voltaire.*)

Car je dois craindre enfin que sa haute vertu
Contre l'ambition n'ait en vain combattu;
Qu'il ne force en son cœur la nature à se taire:
Qui se lasse d'un roi peut se lasser d'un père;
Mille exemples sanglants nous peuvent l'enseigner :
Il n'est rien qui ne cède à l'ardeur de régner;
Et depuis qu'une fois elle nous inquiète,
La nature est aveugle, et la vertu muette.
　Te le dirais-je, Araspe? il m'a trop bien servi;
Augmentant mon pouvoir, il me l'a tout ravi :
Il n'est plus mon sujet qu'autant qu'il le veut être;
Et qui me fait régner en effet est mon maître.
Pour paraître à mes yeux son mérite est trop grand :
On n'aime point à voir ceux à qui l'on doit tant.
Tout ce qu'il a fait parle au moment qu'il m'approche;
Et sa seule présence est un secret reproche :
Elle me dit toujours qu'il m'a fait trois fois roi,
Que je tiens plus de lui qu'il ne tiendra de moi;
Et que si je lui laisse un jour une couronne,
Ma tête en porte trois que sa valeur me donne[1].
J'en rougis dans mon âme; et ma confusion,
Qui renouvelle et croît à chaque occasion,
Sans cesse offre à mes yeux cette vue importune,
Que qui m'en donne trois peut bien m'en ôter une;
Qu'il n'a qu'à l'entreprendre, et peut tout ce qu'il veut:
Juge, Araspe, où j'en suis s'il veut tout ce qu'il peut[2].

ARASPE.
Pour tout autre que lui je sais comme s'explique
La règle de la vraie et saine politique:
Aussitôt qu'un sujet s'est rendu trop puissant,

---

1 Corneille exprime les mêmes idées dans *Suréna*. Orode, qui doit tous ses succès à ce général, dit aussi que la supériorité d'un sujet

　　　　a droit d'inquiéter
　　Un roi qui lui doit tant, et ne peut s'acquitter.

Il ajoute :

　　　J'en tremble, j'en rougis, je m'en indigne, et crains
　　　Qu'il n'ose quelque jour s'en parer par ses mains;
　　　Et dans tout ce qu'il a de nom et de fortune,
　　　Sa fortune me pèse et son nom m'importune.

2 Ces antithèses sur *devoir* et *pouvoir* montrent que Corneille profitait de la lecture de Sénèque.

Encor qu'il soit sans crime, il n'est pas innocent [1] ;
On n'attend point alors qu'il s'ose tout permettre :
C'est un crime d'État que d'en pouvoir commettre,
Et qui sait bien régner l'empêche prudemment
De mériter un juste et plus grand châtiment,
Et prévient, par un ordre à tous deux salutaire,
Ou les maux qu'il prépare, ou ceux qu'il pourrait faire.
Mais, seigneur, pour le prince, il a trop de vertu ;
Je vous l'ai déjà dit.

PRUSIAS.
Et m'en répondras-tu ?
Me seras-tu garant de ce qu'il pourra faire
Pour venger Annibal, ou pour perdre son frère ?
Et le prends-tu pour homme à voir d'un œil égal [2]
Et l'amour de son frère, et la mort d'Annibal ?
Non, ne nous flattons point, il court à sa vengeance ;
Il en a le prétexte, il en a la puissance ;
Il est l'astre naissant qu'adorent mes États ;
Il est le dieu du peuple, et celui des soldats.
Sûr de ceux-ci, sans doute il vient soulever l'autre,
Fondre avec son pouvoir sur le reste du nôtre [3] :
Mais ce peu qui m'en reste, encor que languissant,
N'est pas peut-être encor tout à fait impuissant.
Je veux bien toutefois agir avec adresse,
Joindre beaucoup d'honneur à bien peu de rudesse [4],
Le chasser avec gloire, et mêler doucement
Le prix de son mérite à mon ressentiment :
Mais, s'il ne m'obéit, ou s'il ose s'en plaindre,
Quoi qu'il ait fait pour moi, quoi que j'en voie à craindre,
Dussé-je voir par là tout l'État hasardé...

---

1 Dès qu'on leur (*aux rois*) est suspect on n'est plus innocent.
Racine, *Athalie.*

2 *Egal*, indifférent. C'est dans le même sens que Sabine a dit (*Horace*, act. I, sc. I) :

Egale à toutes deux.

3 « Expressions vicieuses : on ne peut dire *l'autre* que quand on l'oppose *à l'un* ; *le nôtre* ne se peut dire à la place *du mien*, à moins qu'on n'ait déjà parlé au pluriel. Je le répète encore, rien n'est si difficile et si rare que de bien écrire. » (*Voltaire.*)

4 « Tout cela est d'un style confus, obscur. *Le reste du nôtre qui n'est pas tout à fait impuissant, et bien peu de rudesse, et le prix d'un mérite mêlé doucement à un ressentiment !* »

ARASPE.

Il vient.

SCÈNE II.

PRUSIAS, NICOMÈDE, ARASPE.

PRUSIAS.
Vous voilà, prince! et qui vous a mandé?
NICOMÈDE.
La seule ambition de pouvoir en personne
Mettre à vos pieds, seigneur, encore une couronne,
De jouir de l'honneur de vos embrassements,
Et d'être le témoin de vos contentements.
Après la Cappadoce heureusement unie
Aux royaumes du Pont et de la Bithynie,
Je viens remercier et mon père et mon roi
D'avoir eu la bonté de s'y servir de moi,
D'avoir choisi mon bras pour une telle gloire,
Et fait tomber sur moi l'honneur de sa victoire [1].
PRUSIAS.
Vous pouviez vous passer de mes embrassements,
Me faire par écrit de tels remerciements,
Et vous ne deviez pas envelopper d'un crime
Ce que votre victoire ajoute à votre estime [2].
Abandonner mon camp en est un capital,
Inexcusable en tous, et plus au général,
Et tout autre que vous, malgré cette conquête,
Revenant sans mon ordre, eût payé de sa tête.
NICOMÈDE.
J'ai failli, je l'avoue, et mon cœur imprudent

---

1 M. Naudet, dans son excellent commentaire sur *Nicomède*, rapproche fort à propos ce passage de deux vers de la *Sémiramis* de Voltaire :

Elle laissa tomber de son char de victoire,
Sur son front jeune encore, un rayon de sa gloire.

2 « *Ajoute à votre estime* n'est pas français en ce sens : l'estime où nous sommes n'est pas notre estime ; on ne peut dire *votre estime* comme on dit *votre gloire, votre vertu.* » (Voltaire.) — Nous avons déjà dit qu'*estime* avait alors le sens de réputation.

A trop cru les transports d'un désir trop ardent :
L'amour que j'ai pour vous a commis cette offense,
Lui seul à mon devoir fait cette violence.
Si le bien de vous voir m'était moins précieux,
Je serais innocent ; mais si loin de vos yeux,
Que j'aime mieux, seigneur, en perdre un peu d'estime,
Et qu'un bonheur si grand me coûte un petit crime [1]
Qui ne craindra jamais la plus sévère loi,
Si l'amour juge en vous ce qu'il a fait en moi.

PRUSIAS.

La plus mauvaise excuse est assez pour un père,
Et sous le nom d'un fils toute faute est légère.
Je ne veux voir en vous que mon unique appui :
Recevez tout l'honneur qu'on vous doit aujourd'hui.
L'ambassadeur romain me demande audience ;
Il verra ce qu'en vous je prends de confiance ;
Vous l'écouterez, prince, et répondrez pour moi.
Vous êtes aussi bien le véritable roi ;
Je n'en suis plus que l'ombre, et l'âge ne m'en laisse.
Qu'un vain titre d'honneur qu'on rend à ma vieillesse [2] ;
Je n'ai plus que deux jours peut-être à le garder,
L'intérêt de l'État vous doit seul regarder.
Prenez-en aujourd'hui la marque la plus haute :
Mais gardez-vous aussi d'oublier votre faute,
Et comme elle fait brèche au pouvoir souverain,
Pour la bien réparer, retournez dès demain.
Remettez en éclat la puissance absolue [3] :
Attendez-la de moi comme je l'ai reçue,
Inviolable, entière, et n'autorisez pas
De plus méchants que vous à la mettre plus bas [4].

1 «*Un petit crime*. Cette épithète n'est pas du style de la tragédie. Le crime de Nicomède est en effet bien faible. Nicomède parle ici ironiquement à son père, comme il a parlé à son frère ; car, par *désir trop ardent*, il entend le désir qu'il avait de voir sa maîtresse. Il n'a point du tout d'amour pour son père ; le public n'en est pas fâché. On méprise Prusias ; on aime beaucoup la hauteur d'un héros persécuté. *Petit crime, bonheur si grand*, ces contrastes affectés font un mauvais effet. » (*Voltaire*.)

2 *Rend* se rapporte à *honneur* ; on ne *rend* pas un *titre*, on le donne.

3 « Comme on ne *met* rien en *éclat* on n'y *remet* rien ; on donne de l'éclat, on met en lumière. » (*Voltaire*.)

4 Voltaire critique à tort ces vers. Il ne veut pas qu'on finisse un vers par *plus bas*.

Le peuple qui vous voit, la cour qui vous contemple,
Vous désobéiraient sur votre propre exemple :
Donnez-leur-en un autre, et montrez à leurs yeux
Que nos premiers sujets obéissent le mieux.
NICOMÈDE.
J'obéirai, seigneur, et plus tôt qu'on ne pense;
Mais je demande un prix de mon obéissance.
  La reine d'Arménie est due à ses Etats,
Et j'en vois les chemins ouverts par nos combats.
Il est temps qu'en son ciel cet astre aille reluire :
De grâce, accordez-moi l'honneur de l'y conduire.
PRUSIAS.
Il n'appartient qu'à vous, et cet illustre emploi
Demande un roi lui-même, ou l'héritier d'un roi ;
Mais pour la renvoyer jusqu'en son Arménie
Vous savez qu'il y faut quelque cérémonie [1] :
Tandis que je ferai préparer son départ,
Vous irez dans mon camp l'attendre de ma part.
NICOMÈDE.
Elle est prête à partir sans plus grand équipage [2].
PRUSIAS.
Je n'ai garde à son rang de faire un tel outrage.
Mais l'ambassadeur entre, il le faut écouter :
Puis nous verrons quel ordre on y doit apporter [3].

SCÈNE III.

PRUSIAS, NICOMÈDE, FLAMINIUS, ARASPE.

FLAMINIUS.
Sur le point de partir, Rome, seigneur, me mande
Que je vous fasse encor pour elle une demande.
  Elle a nourri vingt ans un prince votre fils,

---

1 « Prusias veut aussi railler. Cette pièce est trop pleine de railleries et d'ironies. »(*Voltaire.*). C'est là ce qui en fait l'originalité.

2 « Ce dernier hémistiche est absolument du style de la comédie. » (*Voltaire.*)

3 « A quoi se rapporte cet ordre? à *l'ambassadeur*, à *l'outrage*, ou à *l'équipage?* » (*Voltaire.*)

Et vous pouvez juger des soins qu'elle en a pris
Par les hautes vertus et les illustres marques
Qui font briller en lui le sang de vos monarques.
Surtout il est instruit en l'art de bien régner :
C'est à vous de le croire et de le témoigner.
Si vous faites état de cette nourriture [1],
Donnez ordre qu'il règne : elle vous en conjure,
Et vous offenseriez l'estime qu'elle en fait,
Si vous le laissiez vivre et mourir en sujet.
Faites donc aujourd'hui que je lui puisse dire
Où vous lui destinez un souverain empire.

PRUSIAS.

Les soins qu'ont pris de lui le peuple et le sénat
Ne trouveront en moi jamais un père ingrat :
Je crois que pour régner il en a les mérites,
Et n'en veux point douter après ce que vous dites ;
Mais vous voyez, seigneur, le prince son aîné,
Dont le bras généreux trois fois m'a couronné ;
Il ne fait que sortir encor d'une victoire,
Et pour tant de hauts faits je lui dois quelque gloire :
Souffrez qu'il ait l'honneur de répondre pour moi [2].

---

1 « *Nourriture* est ici pour *éducation*, et, dans ce sens, il ne se dit plus : c'est peut-être une perte pour notre langue. *Faire état* est aussi aboli. » (*Voltaire.*) — *Faire état* n'est point aboli et vaut mieux que *faire cas* qu'on emploie trop souvent. La Fontaine a usé du mot *nourriture* dans le sens d'*éducation* (l. VIII, f. XXIV) :

> Mais la diverse *nourriture*,
> Fortifiant en l'un cette heureuse nature,
> En l'autre l'altérant.....

On disait aussi *nourrir* dans le sens d'*élever*. Ainsi dans la *Suivante* de Corneille, act. III, sc. IV :

> Elle vous fait cette galanterie
> Pour mériter le nom de fille bien *nourrie*.

2 « Le roi Prusias, qui n'est déjà pas trop respectable, est peut-être encore plus avili dans cette scène, où Nicomède lui donne, en présence de l'ambassadeur de Rome, des conseils qui ressemblent souvent à des reproches. Il est même assez étonnant que connaissant la fierté de son fils, et sachant combien ce disciple d'Annibal hait les Romains, il le charge de répondre à l'ambassadeur de Rome, qu'il croit avoir grand intérêt de ménager. Prusias n'a nulle raison de répondre à l'ambassadeur par une autre bouche, et il s'expose visiblement à voir l'ambassadeur outragé par Nicomède. Il a commencé par dire à son fils : *Vous êtes criminel d'État, vous méritez d'être puni de mort;* et il finit par lui dire : *Répondez*

NICOMÈDE.
Seigneur, c'est à vous seul de faire Attale roi.
PRUSIAS.
C'est votre intérêt seul que sa demande touche.
NICOMÈDE.
Le vôtre toutefois m'ouvrira seul la bouche.
De quoi se mêle Rome, et d'où prend le sénat,
Vous vivant, vous régnant, ce droit sur votre État[1]?
Vivez, régnez, seigneur, jusqu'à la sépulture,
Et laissez faire après, ou Rome, ou la nature.
PRUSIAS.
Pour de pareils amis il faut se faire effort.
NICOMÈDE.
Qui partage vos biens aspire à votre mort,
Et de pareils amis, en bonne politique...
PRUSIAS.
Ah! ne me brouillez point avec la république[2];
Portez plus de respect à de tels alliés.
NICOMÈDE.
Je ne puis voir sous eux les rois humiliés,
Et quel que soit ce fils que Rome vous renvoie,
Seigneur, je lui rendrais son présent avec joie.
S'il est si bien instruit en l'art de commander,
C'est un rare trésor qu'elle devrait garder,
Et conserver chez soi sa chère nourriture[3],

pour moi à l'ambassadeur de Rome en ma présence; faites le personnage de roi, tandis que je ferai celui de subalterne. Prusias joue un rôle avilissant; mais celui de Nicomède est noble et imposant. Ces personnages plaisent toujours à la multitude. C'est toujours un problème à résoudre, si les caractères bas et faibles peuvent figurer dans une tragédie. Le parterre s'élève contre eux à une première représentation : on aime à faire tomber sur l'auteur le mépris que lui-même inspire pour le personnage; les critiques se déchaînent : cependant ces caractères sont dans la nature; Maxime dans Cinna, *Félix dans* Polyeucte. » (Voltaire.)

1 « Jamais, dit M. Naudet, cette revendication inattendue de l'indépendance et de la dignité royale ne manque son effet au théâtre. L'âme du spectateur se dilate d'aise en se relevant avec Nicomède de l'abaissement où le tenait Prusias. »

2 Cette exclamation de Prusias, qui a dégénéré en proverbe à l'adresse des peureux, est sans doute naturelle, elle dévoile même à fond toute la pusillanimité de ce bonhomme de roi; mais elle fait toujours rire, et ce n'était pas l'intention du poëte.

3 Il n'y a pas de lien grammatical entre ce vers et le précédent

ACTE II, SCÈNE III.

Ou pour le consulat ou pour la dictature.
FLAMINIUS, (*à Prusias.*)
Seigneur, dans ce discours qui nous traite si mal,
Vous voyez un effet des leçons d'Annibal;
Ce perfide ennemi de la grandeur romaine
N'en a mis en son cœur que mépris et que haine.
NICOMÈDE.
Non, mais il m'a surtout laissé ferme en ce point,
D'estimer beaucoup Rome, et ne la craindre point.
On me croit son disciple, et je le tiens à gloire,
Et quand Flaminius attaque sa mémoire,
Il doit savoir qu'un jour il me fera raison
D'avoir réduit mon maître au secours du poison,
Et n'oublier jamais qu'autrefois ce grand homme
Commença par son père à triompher de Rome [1].
FLAMINIUS.
Ah! c'est trop m'outrager!
NICOMÈDE.
N'outragez plus les morts.
PRUSIAS.
Et vous, ne cherchez point à former de discords;
Parlez et nettement sur ce qu'il me propose.
NICOMÈDE.
Eh bien! s'il est besoin de répondre autre chose,
Attale doit régner, Rome l'a résolu,
Et puisqu'elle a partout un pouvoir absolu,
C'est aux rois d'obéir alors qu'elle commande.
Attale a le cœur grand, l'esprit grand, l'âme grande,
Et toutes les grandeurs dont se fait un grand roi [2];

mais combien est fière cette réplique, quelle noble ironie! quel heureux tour! Pourquoi Voltaire n'a-t-il pour ce passage qu'une minutieuse remarque et non un cri d'admiration! *Sa chère nourriture* est une vraie trouvaille au service de l'héroïque ironie de Nicomède.

1 Ce beau vers contient deux erreurs. Le Flaminius vaincu à Trasimène n'était pas le père de l'ambassadeur; et de plus Annibal avait préludé sur le Tésin et la Trébie à la victoire remportée sur Flaminius. Cette erreur du poëte, volontaire ou non, nous vaudra encore deux admirables vers de la même scène :

Et si Flaminius en est le capitaine,
On pourra lui trouver un lac de Trasimène.

2 Comme ces vers satiriques allaient au-delà du but en faisant rire, on les a remplacés à la représentation par ceux-ci :

On vient nous assurer qu'Attale a l'âme grande,

Mais c'est trop que d'en croire un Romain sur sa foi,
Par quelque grand effet voyons s'il en est digne,
S'il a cette vertu, cette valeur insigne :
Donnez-lui votre armée, et voyons ces grands coups ;
Qu'il en fasse pour lui ce que j'ai fait pour vous [1] ;
Qu'il règne avec éclat sur sa propre conquête,
Et que de sa victoire il couronne sa tête.
Je lui prête mon bras, et veux dès maintenant,
S'il daigne s'en servir, être son lieutenant.
L'exemple des Romains m'autorise à le faire,
Le fameux Scipion le fut bien de son frère,
Et lorsque Antiochus fut par eux détrôné,
Sous les lois du plus jeune on vit marcher l'aîné.
Les bords de l'Hellespont, ceux de la mer Égée,
Le reste de l'Asie à nos côtés rangée,
Offrent une matière à son ambition...

FLAMINIUS.

Rome prend tout ce reste en sa protection,
Et vous n'y pouvez plus étendre vos conquêtes
Sans attirer sur vous d'effroyables tempêtes.

NICOMÈDE.

J'ignore sur ce point les volontés du roi :
Mais peut-être qu'un jour je dépendrai de moi,
Et nous verrons alors l'effet de ces menaces.
  Vous pouvez cependant faire munir ces places,
Préparer un obstacle à mes nouveaux desseins,
Disposer de bonne heure un secours de Romains,
Et si Flaminius en est le capitaine,
Nous pourrons lui trouver un lac de Trasimène.

PRUSIAS.

Prince, vous abusez trop tôt de ma bonté :
Le rang d'ambassadeur doit être respecté,
Et l'honneur souverain qu'ici je vous défère...

NICOMÈDE.

Ou laissez-moi parler, sire, ou faites-moi taire.

Et tous les dons du ciel qui forment un grand roi.

Cette variante est de M. Andrieux. Il n'y a plus à rire, mais il n'y a pas de quoi applaudir. Ce sont là de tristes opérations à pratiquer.

1 *Roi* ne se rapporte pas à vertu, comme le prétend Voltaire, mais à armée, qui se trouve dans le vers précédent. Voltaire se hâte de critiquer avant d'avoir compris.

Je ne sais point répondre autrement pour un roi
A qui dessus son trône on veut faire la loi.
PRUSIAS.
Vous m'offensez moi-même en parlant de la sorte,
Et vous devez dompter l'ardeur qui vous emporte.
NICOMÈDE.
Quoi! je verrai, seigneur, qu'on borne vos États,
Qu'au milieu de ma course on m'arrête le bras,
Que de vous menacer on a même l'audace,
Et je ne rendrai point menace pour menace!
Et je remercierai qui me dit hautement
Qu'il ne m'est plus permis de vaincre impunément[1]!
PRUSIAS, (à *Flaminius*.)
Seigneur, vous pardonnez aux chaleurs de son âge;
Le temps et la raison pourront le rendre sage.
NICOMÈDE.
La raison et le temps m'ouvrent assez les yeux,
Et l'âge ne fera que me les ouvrir mieux.
  Si j'avais jusqu'ici vécu comme ce frère,
Avec une vertu qui fût imaginaire,
(Car je l'appelle ainsi quand elle est sans effets,
Et l'admiration de tant d'hommes parfaits
Dont il a vu dans Rome éclater le mérite,
N'est pas grande vertu si l'on ne les imite);
Si j'avais donc vécu dans ce même repos
Qu'il a vécu dans Rome auprès de ses héros,
Elle me laisserait la Bithynie entière,
Telle que de tous temps l'aîné la tient d'un père,
Et s'empresserait moins à le faire régner,
Si vos armes sous moi n'avaient su rien gagner :
Mais parce qu'elle voit avec la Bithynie
Par trois sceptres conquis trop de puissance unie,
Il faut la diviser, et dans ce beau projet,
Ce prince est trop bien né pour vivre mon sujet!
Puisqu'il peut la servir à me faire descendre[2],

---

[1] Quel langage et quels nobles sentiments! Il n'y a rien de plus beau dans Corneille que ces traits du rôle de Nicomède.

[2] « Ce vers est inintelligible : à quoi se rapporte ce *la servir?* au dernier substantif, à la puissance de Nicomède, que Rome veut diviser. *Me faire descendre*; il faut dire d'où l'on descend : *Et, monté sur le faîte, il aspire à descendre.* » (*Voltaire.*) — Voltaire sait fort bien que *la* se rapporte à Rome. Corneille aurait évité toute obscurité en substituant *vous* à *la*.

Il a plus de vertu que n'en eut Alexandre,
Et je lui dois quitter, pour le mettre en mon rang [1],
Le bien de mes aïeux, ou le prix de mon sang.
Grâces aux immortels, l'effort de mon courage
Et ma grandeur future ont mis Rome en ombrage :
Vous pouvez l'en guérir, seigneur, et promptement ;
Mais n'exigez d'un fils aucun consentement :
Le maître qui prit soin d'instruire ma jeunesse [2]
Ne m'a jamais appris à faire une bassesse.

FLAMINIUS.

A ce que je puis voir, vous avez combattu,
Prince, par intérêt, plutôt que par vertu.
Les plus rares exploits que vous ayez pu faire
N'ont jeté qu'un dépôt sur la tête d'un père ;
Il n'est que gardien [3] de leur illustre prix,
Et ce n'est que pour vous que vous avez conquis,
Puisque cette grandeur à son trône attachée
Sur nul autre que vous ne peut être épanchée.
Certes, je vous croyais un peu plus généreux :
Quand les Romains le sont, ils ne font rien pour eux.
Scipion, dont tantôt vous vantiez le courage,
Ne voulait point régner sur les murs de Carthage,
Et de tout ce qu'il fit pour l'empire romain
Il n'en eut que la gloire et le nom d'Africain.
Mais on ne voit qu'à Rome une vertu si pure ;
Le reste de la terre est d'une autre nature.
  Quant aux raisons d'État qui vous font concevoir
Que nous craignons en vous l'union du pouvoir,
Si vous en consultiez des têtes bien sensées,
Elles vous déferaient de ces belles pensées :

---

[1] « On ne dit point *quitter à*, on dit *quitter pour* : *je dois quitter pour lui*, ou *je lui dois céder, laisser, abandonner.* » (Voltaire.) — Cette critique sur le mot *quitter* n'a pas de sens ; *quitter* se dit fort bien pour *céder* : c'est la véritable acception de ce mot et son usage primitif. Molière a dit dans le même sens (*Tartufe*, act. II, sc. IV) :

> Ma présence le chasse,
> Et je ferai bien mieux de *lui quitter* la place.

C'est par des chicanes de ce genre qu'on appauvrit la langue et qu'on lui enlève ce qu'elle a de plus précieux, je veux dire ses idiotismes.

[2] Annibal.

[3] *Gardien* est ici de trois syllabes. C'est à tort.

ACTE II, SCÈNE III.

Par respect pour le roi je ne dis rien de plus,
Prenez quelque loisir de rêver là-dessus;
Laissez moins de fumée à vos feux militaires[1],
Et vous pourrez avoir des visions plus claires.

NICOMÈDE.

Le temps pourra donner quelque décision[2]
Si la pensée est belle, ou si c'est vision.
Cependant...

FLAMINIUS.

Cependant, si vous trouvez des charmes
A pousser plus avant la gloire de vos armes,
Nous ne la bornons point; mais comme il est permis
Contre qui que ce soit de servir ses amis,
Si vous ne le savez, je veux bien vous l'apprendre,
Et vous en donne avis pour ne vous pas surprendre.
Au reste, soyez sûr que vous posséderez
Tout ce qu'en votre cœur déjà vous dévorez;
Le Pont sera pour vous avec la Galatie,
Avec la Cappadoce, avec la Bithynie.
Ce bien de vos aïeux, ce prix de votre sang,
Ne mettront point Attale en votre illustre rang,
Et puisque leur partage est pour vous un supplice,
Rome n'a pas dessein de vous faire injustice.
Ce prince régnera sans rien prendre sur vous.

(à Prusias.)

La reine d'Arménie a besoin d'un époux,
Seigneur, l'occasion ne peut être plus belle;
Elle vit sous vos lois, et vous disposez d'elle.

NICOMÈDE.

Voilà le vrai secret de faire Attale roi,
Comme vous l'avez dit, sans rien prendre sur moi.
La pièce est délicate[3], et ceux qui l'ont tissue
A de si longs détours font une digne issue.
Je n'y réponds qu'un mot, étant sans intérêt.

---

[1] « La fumée des feux militaires est une figure trop bizarre. Le vers suivant est du bas comique. » (*Voltaire*.)

[2] Cette périphrase pour *décider* est évidemment amenée par la rime.

[3] « Le mot de *pièce* ne dit point là ce que l'auteur a prétendu dire; c'est d'ailleurs une expression populaire lorsqu'elle signifie *intrigue*. » (*Voltaire*.) — L'expression est familière et non impropre, puisqu'on dit dans le sens de tromper, *faire pièce*.

Traitez cette princesse en reine comme elle est [1] :
Ne touchez point en elle aux droits du diadème,
Ou pour les maintenir je périrai moi-même.
Je vous en donne avis, et que jamais les rois,
Pour vivre en nos États, ne vivent sous nos lois,
Qu'elle seule en ces lieux d'elle-même dispose.

PRUSIAS.

N'avez-vous, Nicomède, à lui dire autre chose [2] ?

NICOMÈDE.

Non, seigneur, si ce n'est que la reine, après tout,
Sachant ce que je puis, me pousse trop à bout [3].

PRUSIAS.

Contre elle, dans ma cour, que peut votre insolence?

NICOMÈDE.

Rien du tout, que garder ou rompre le silence.
Une seconde fois avisez, s'il vous plaît,
A traiter Laodice en reine comme elle est,
C'est moi qui vous en prie.

SCÈNE IV.

PRUSIAS, FLAMINIUS, ARASPE.

FLAMINIUS.

Eh quoi! toujours obstacle?

PRUSIAS.

De la part d'un amant ce n'est pas grand miracle [4].

---

[1] « Il faut *comme elle l'est,* pour l'exactitude ; mais *comme elle l'est* serait encore plus mauvais. » (*Voltaire.*) — *Comme* est pour *que,* or, *qu'elle est* serait non pas élégant, mais correct.

[2] « Cette interrogation de Prusias, qui n'a rien dit pendant le cours de cette scène, n'a-t-elle pas quelque chose de comique ? » (*Voltaire.*)

[3] « Cette expression est encore comique, ou du moins familière ; Racine s'en est servi dans *Bajazet :*

. . . . . Poussons à bout l'ingrat.

Mais le mot *ingrat,* qui finit la phrase, la relève. Ce sont de petites nuances qui distinguent souvent le bon du mauvais. » (*Voltaire.*)

[4] « *Toujours obstacle* n'est pas français, et *grand miracle* n'est pas noble. » (*Voltaire.*)

ACTE II, SCÈNE IV.

Cet orgueilleux esprit, enflé de ses succès,
Pense bien de son cœur nous empêcher l'accès;
Mais il faut que chacun suive sa destinée.
L'amour entre les rois ne fait pas l'hyménée,
Et les raisons d'État, plus fortes que ses nœuds,
Trouvent bien les moyens d'en éteindre les feux[1].

FLAMINIUS.

Comme elle a de l'amour, elle aura du caprice[2].

PRUSIAS.

Non, non, je vous réponds, seigneur, de Laodice :
Mais enfin elle est reine, et cette qualité
Semble exiger de nous quelque civilité.
J'ai sur elle après tout une puissance entière,
Mais j'aime à la cacher sous le nom de prière.
Rendons-lui donc visite, et comme ambassadeur,
Proposez cet hymen vous même à sa grandeur[3].
Je seconderai Rome, et veux vous introduire.
Puisqu'elle est en nos mains, l'amour ne vous peut nuire[4].
Allons de sa réponse à votre compliment
Prendre l'occasion de parler hautement[5].

[1] Corneille, dans ses dernières pièces, où tous les amours sont politiques, exprime cette même idée à satiété.

[2] « Et ce vers et l'idée qu'il présente appartiennent absolument à la comédie. » (*Voltaire*.). Ce n'en est pas moins un enthymème parfaitement régulier.

[3] « Il semble qu'il appelle ici la reine Laodice *sa grandeur*, comme on dit *sa majesté, son altesse.* » (*Voltaire.*)

[4] « L'auteur veut dire, *puisque Laodice est en nos mains.* » (*Voltaire.*)

[5] Prusias est un père de comédie et de la trempe de Chrysale, des *Femmes Savantes*; il n'ose parler hautement ni à son fils, ni à Flaminius, mais il va faire le brave avec Laodice.

FIN DU DEUXIÈME ACTE.

ACTE TROISIÈME.

SCÈNE I.

PRUSIAS, FLAMINIUS, LAODICE.

PRUSIAS.
Reine, puisque ce titre a pour vous tant de charmes,
Sa perte vous devrait donner quelques alarmes[1] :
Qui tranche trop du roi ne règne pas longtemps.
LAODICE.
J'observerai, seigneur, ces avis importants[2],
Et si jamais je règne, on verra la pratique
D'une si salutaire et noble politique.
PRUSIAS.
Vous vous mettez fort mal au chemin de régner.
LAODICE.
Seigneur, si je m'égare, on peut me l'enseigner.
PRUSIAS.
Vous méprisez trop Rome, et vous devriez faire
Plus d'estime d'un roi qui vous tient lieu de père.
LAODICE.
Vous verriez qu'à tous deux je rends ce que je doi,
Si vous vouliez mieux voir ce que c'est qu'être roi.
Recevoir ambassade en qualité de reine,
Ce serait à vos yeux faire la souveraine,
Entreprendre sur vous, et dedans votre État
Sur votre autorité commettre un attentat :
Je la refuse donc, seigneur, et me dénie
L'honneur qui ne m'est dû que dans mon Arménie.
C'est là que sur mon trône avec plus de splendeur

---

[1] L'auteur veut dire, *vous devriez craindre de le perdre.*
[2] On dit *observer des ordres, suivre des conseils*, mais *observer des avis* ne se dit pas.

Je puis honorer Rome en son ambassadeur,
Faire réponse en reine, et comme le mérite
Et de qui l'on me parle, et qui m'en sollicite.
Ici c'est un métier que je n'entends pas bien [1] :
Car hors de l'Arménie enfin je ne suis rien,
Et ce grand nom de reine ailleurs ne m'autorise
Qu'à n'y voir point de trône à qui je sois soumise,
A vivre indépendante, et n'avoir en tous lieux
Pour souverains que moi, la raison, et les dieux [2].

PRUSIAS.

Ces dieux vos souverains, et le roi votre père,
De leur pouvoir sur vous m'ont fait dépositaire,
Et vous pourrez peut-être apprendre une autre fois
Ce que c'est en tous lieux que la raison des rois.
Pour en faire l'épreuve allons en Arménie ;
Je vais vous y remettre en bonne compagnie [3] ;
Partons, et dès demain, puisque vous le voulez,
Préparez-vous à voir vos pays désolés ;
Préparez-vous à voir par toute votre terre
Ce qu'ont de plus affreux les fureurs de la guerre,
Des montagnes de morts, des rivières de sang [4].

---

1 « Le mot *métier* ne peut être admis qu'avec une expression qui le fortifie, comme le *métier des armes*. Il est heureusement employé par Racine dans le sens le plus bas ; Athalie dit à Joas :

Laissez là cet habit, quittez ce vil métier.

On ne peut exprimer plus fortement le mépris de cette reine pour le sacerdoce des Juifs. » (*Voltaire*.) — Le plus spirituel des pamphletaires, Paul-Louis Courier, avait dit en parlant à un jeune prince : *ton métier sera de régner* ; on lui en fit un crime, et il répondit : « Comment ne pas savoir que ce mot vulgaire de *métier* relève, ennoblit l'expression, par cela même qu'il est vulgaire, tellement qu'elle ne serait pas déplacée dans un poëme, une composition du genre le plus élevé, une ode à la louange du prince. »

2 Voltaire emploie le même tour dans ce passage de sa tragédie de *Brutus* :

Vous qui n'avez pour rois
Que les dieux de Numa, vos vertus et nos lois.

3 « C'est-à-dire accompagnée d'une armée : mais cette expression, pour vouloir être ironique, ne devient-elle pas comique ? » (*Voltaire*.)

4 Ici l'hyperbole va un peu loin ; mais Corneille ne va pas aussi loin que Brébeuf qui a dit :

De morts et de mourants cent montagnes plaintives,

LAODICE.
Je perdrai mes États, et garderai mon rang,
Et ces vastes malheurs où mon orgueil me jette
Me feront votre esclave, et non votre sujette :
Ma vie est en vos mains, mais non ma dignité.
PRUSIAS.
Nous ferons bien changer ce courage indompté,
Et quand vos yeux, frappés de toutes ces misères,
Verront Attale assis au trône de vos pères,
Alors, peut-être, alors vous le prierez en vain
Que pour y remonter il vous donne la main.
LAODICE.
Si jamais jusque-là votre guerre m'engage,
Je serai bien changée et d'âme et de courage.
Mais peut-être, seigneur, vous n'irez pas si loin :
Les dieux de ma fortune auront un peu de soin,
Ils vous inspireront, ou trouveront un homme
Contre tant de héros que vous prêtera Rome.
PRUSIAS.
Sur un présomptueux vous fondez votre appui ;
Mais il court à sa perte, et vous traîne avec lui.
  Pensez-y bien, madame, et faites-vous justice,
Choisissez d'être reine, ou d'être Laodice,
Et pour dernier avis que vous aurez de moi,
Si vous voulez régner, faites Attale roi.
Adieu.

SCÈNE II.

FLAMINIUS, LAODICE.

FLAMINIUS.
Madame, enfin une vertu parfaite...
LAODICE.
Suivez le roi, seigneur, votre ambassade est faite,
Et je vous dis encor, pour ne vous point flatter,
Qu'ici je ne la dois ni la veux écouter.
FLAMINIUS.
Et je vous parle aussi, dans ce péril extrême,

Moins en ambassadeur qu'en homme qui vous aime,
Et qui, touché du sort que vous vous préparez,
Tâche à rompre le cours des maux où vous courez¹.
　J'ose donc comme ami vous dire en confidence
Qu'une vertu parfaite a besoin de prudence,
Et doit considérer, pour son propre intérêt,
Et les temps où l'on vit, et les lieux où l'on est.
La grandeur de courage en une âme royale
N'est sans cette vertu qu'une vertu brutale,
Que son mérite aveugle, et qu'un faux jour d'honneur
Jette en un tel divorce avec le vrai bonheur,
Qu'elle-même se livre à ce qu'elle doit craindre,
Ne se fait admirer que pour se faire plaindre,
Que pour nous pouvoir dire, après un grand soupir,
« J'avais droit de régner, et n'ai su m'en servir. »
Vous irritez un roi dont vous voyez l'armée
Nombreuse, obéissante, à vaincre accoutumée ;
Vous êtes en ses mains, vous vivez dans sa cour.

LAODICE.

Je ne sais si l'honneur eut jamais un faux jour,
Seigneur, mais je veux bien vous répondre en amie.
　Ma prudence n'est pas tout à fait endormie²,
Et sans examiner par quel destin jaloux
La grandeur de courage est si mal avec vous,
Je veux vous faire voir que celle que j'étale
N'est pas tant qu'il vous semble une vertu brutale ;
Que, si j'ai droit au trône, elle s'en veut servir,
Et sait bien repousser qui me le veut ravir.
　Je vois sur la frontière une puissante armée,
Comme vous l'avez dit, à vaincre accoutumée ;
Mais par quelle conduite, et sous quel général ?
Le roi, s'il s'en fait fort³, pourrait s'en trouver mal,

---

1 *Courez* vient mal après le *cours* des maux. C'est une négligence.

2 Cette *prudence endormie* n'a jamais été du style tragique, mais elle fait sourire depuis le sonnet de Trissotin immortalisé par Molière :

　　Votre prudence est endormie, etc.

3 « *Se faire fort de quelque chose* ne peut être employé pour s'en prévaloir ; il signifie, j'en réponds, je prends sur moi l'entreprise, je me flatte d'y réussir. » (*Voltaire.*) — Corneille emploie cette locution dans son sens primitif, et veut dire : *s'il (le roi) s'attribue la force de cette armée.*

Et s'il voulait passer de son pays au nôtre,
Je lui conseillerais de s'assurer d'une autre.
Mais je vis dans sa cour, je suis dans ses États,
Et j'ai peu de raison de ne le craindre pas[1].
Seigneur, dans sa cour même, et hors de l'Arménie,
La vertu trouve appui contre la tyrannie.
Tout son peuple a des yeux pour voir quel attentat
Font sur le bien public les maximes d'État :
Il connaît Nicomède, il connaît sa marâtre,
Il en sait, il en voit la haine opiniâtre ;
Il voit la servitude où le roi s'est soumis,
Et connaît d'autant mieux les dangereux amis[2].

Pour moi, que vous croyez au bord du précipice,
Bien loin de mépriser Attale par caprice,
J'évite les mépris qu'il recevrait de moi
S'il tenait de ma main la qualité de roi.
Je le regarderais comme une âme commune,
Comme un homme mieux né pour une autre fortune,
Plus mon sujet qu'époux, et le nœud conjugal
Ne le tirerait pas de ce rang inégal.
Mon peuple à mon exemple en ferait peu d'estime.
Ce serait trop, seigneur, pour un cœur magnanime :
Mon refus lui fait grâce, et malgré ses désirs,
J'épargne à sa vertu d'éternels déplaisirs.

FLAMINIUS.

Si vous me dites vrai, vous êtes ici reine[3] :
Sur l'armée et la cour je vous vois souveraine ;

---

[1] Ces deux vers renferment une objection à laquelle Laodice répond dans les vers suivants.

[2] « Ces vers sont ingénieusement placés pour préparer la révolte qui s'élève tout d'un coup au cinquième acte : reste à savoir s'ils la préparent assez, et s'ils suffisent pour la rendre vraisemblable. Mais *un attentat que des maximes d'État font sur le bien public* forme une phrase trop incorrecte, trop irrégulière, et ce n'est pas parler sa langue. » (*Voltaire.*)

[3] « Ces malheureuses contestations, ces froides discussions politiques, qui ne mènent à rien, qui n'ont rien de tragique, rien d'intéressant, sont aujourd'hui bannies du théâtre. Flaminius et Laodice ne parlent ici que pour parler. Quelle différence entre Acomat dans *Bajazet*, et Flaminius dans *Nicomède!* Acomat se trouve entre Bajazet et Roxane, qu'il veut réunir, entre Roxane et Atalide, entre Atalide et Bajazet ; comme il parle convenablement, prudemment, à tous les trois ! et quel tragique dans tous ces intérêts ! quelle force de raisons ! quelle pureté de langage ! quels vers admirables ! » (*Voltaire.*)

ACTE III, SCÈNE II.

Le roi n'est qu'une idée.[1], et n'a de son pouvoir
Que ce que par pitié vous lui laissez avoir.
Quoi! même vous allez jusques à faire grâce!
Après cela, madame, excusez mon audace;
Souffrez que Rome enfin vous parle par ma voix :
Recevoir ambassade est encor de vos droits;
Ou, si ce nom vous choque ailleurs qu'en Arménie,
Comme simple Romain souffrez que je vous die
Qu'être allié de Rome, et s'en faire un appui,
C'est l'unique moyen de régner aujourd'hui;
Que c'est par là qu'on tient ses voisins en contrainte,
Ses peuples en repos, ses ennemis en crainte;
Qu'un prince est dans son trône à jamais affermi
Quand il est honoré du nom de son ami;
Qu'Attale avec ce titre est plus roi, plus monarque
Que tous ceux dont le front ose en porter la marque,
Et qu'enfin...

LAODICE.

        Il suffit : je vois bien ce que c'est[2] :
Tous les rois ne sont rois qu'autant comme il vous plaît[3];
Mais si de leurs États Rome à son gré dispose,
Certes pour son Attale elle fait peu de chose,
Et qui tient en sa main tant de quoi lui donner
A mendier pour lui devrait moins s'obstiner.
Pour un prince si cher sa réserve m'étonne :
Que ne me l'offre-t-elle avec une couronne?
C'est trop m'importuner en faveur d'un sujet,
Moi qui tiendrais un roi pour un indigne objet,
S'il venait par votre ordre, et si votre alliance
Souillait entre ses mains la suprême puissance.
Ce sont des sentiments que je ne puis trahir;
Je ne veux point de rois qui sachent obéir,
Et puisque vous voyez mon âme tout entière,
Seigneur, ne perdez plus menace ni prière.

FLAMINIUS.

Puis-je ne pas vous plaindre en cet aveuglement?

---

1 Ce *roi*, qui n'est ici qu'une *idée*, c'est-à-dire une *image*, un *fantôme*, sera plus tard (act. V, sc. VI) un roi *en peinture*. Partout c'est un triste roi.

2 « Cela est du style comique : c'est en général celui de la pièce. » (*Voltaire*.)

3 Il faut *autant que*.

4 *Tant de quoi* est vulgaire.

Madame, encore un coup, pensez-y mûrement,
Songez mieux ce qu'est Rome et ce qu'elle peut faire,
Et si vous vous aimez, craignez de lui déplaire.
Carthage étant détruite, Antiochus défait,
Rien de nos volontés ne peut troubler l'effet :
Tout fléchit sur la terre, et tout tremble sur l'onde[1] ;
Et Rome est aujourd'hui la maîtresse du monde.

LAODICE.

La maîtresse du monde ! Ah, vous me feriez peur
S'il ne s'en fallait pas l'Arménie et mon cœur[2],
Si le grand Annibal n'avait qui lui succède,
S'il ne revivait pas au prince Nicomède[3],
Et s'il n'avait laissé dans de si dignes mains
L'infaillible secret de vaincre les Romains.
Un si vaillant disciple aura bien le courage
D'en mettre jusqu'au bout les leçons en usage :
L'Asie en fait l'épreuve, où trois sceptres conquis
Font voir en quelle école il en a tant appris.
Ce sont des coups d'essai, mais si grands que peut-être
Le Capitole a droit d'en craindre un coup de maître[4],
Et qu'il ne puisse un jour...

FLAMINIUS.

                Ce jour est encor loin,
Madame, et quelques-uns vous diront, au besoin,
Quels dieux du haut en bas renversent les profanes[5],

---

1 « *Tout tremble sur l'onde* est ce qu'on appelle une cheville, malheureusement amenée par la rime, comme on l'a déjà remarqué tant de fois. » (*Voltaire.*) — Cette malheureuse rime rappelle involontairement le distique improvisé par le père Mallebranche.

2 Ce tour familier a ici beaucoup de noblesse, et les sentiments sont dignes de celle qui sera la femme de Nicomède. On ne comprend pas que Voltaire ait trouvé ici quelque chose de comique.

3 *Au prince,* « dans le prince : » remarquable exemple de la force et de l'étendue de la préposition *à* au siècle de Corneille.

4 Souvenir du *Cid* :

    Ses pareils à deux fois ne se font pas connaître,
    Et pour des coups d'essai veulent des coups de maître.

5 « Corneille parle évidemment des dieux à qui le Capitole était dédié, de ces dieux protecteurs qui le défendirent contre les Gaulois lorsque ces barbares se croyaient déjà maîtres de Rome. Par une figure hardie, et qui tient même du sublime, il suppose qu'après les journées malheureuses de Trébie et de Cannes, l'ombre seule de ce Capitole, si révéré des Romains, suffit pour effrayer Annibal, qui véritablement, malgré ses victoires, n'osa s'avancer au delà de Capoue. » (*Palissot.*)

Et que même au sortir de Trébie et de Cannes,
Son ombre épouvanta votre grand Annibal[1].
Mais le voici ce bras à Rome si fatal.

SCÈNE III.

NICOMÈDE, LAODICE, FLAMINIUS.

NICOMÈDE,
Ou Rome à ses agents donne un pouvoir bien large,
Ou vous êtes bien long à faire votre charge[2].
FLAMINIUS.
Je sais quel est mon ordre, et si j'en sors ou non,
C'est à d'autres qu'à vous que j'en rendrai raison.
NICOMÈDE.
Allez-y donc, de grâce, et laissez à ma flamme
Le bonheur à son tour d'entretenir madame[3] :
Vous avez dans son cœur fait de si grands progrès,
Et vos discours pour elle ont de si grands attraits,
Que sans de grands efforts je n'y pourrai détruire
Ce que votre harangue y voulait introduire.
FLAMINIUS.
Les malheurs où la plonge une indigne amitié
Me faisaient lui donner un conseil par pitié.
NICOMÈDE.
Lui donner de la sorte un conseil charitable,

---

1 Ces beaux vers paraissent un souvenir de Silius Italicus, un de ces poëtes de décadence qui ne déplaisait pas à Corneille :

« Cannas Trasimenaque busta
« Et Pauli stare ingentum miraberis umbram. »

2 « Ces deux vers ont été corrigés par les comédiens. Ce n'est plus ici une ironie qui peut quelquefois être ennoblie ; c'est une plaisanterie absolument indigne de la tragédie et de la comédie. » (*Voltaire.*) — M. Andrieux a substitué à cette antithèse comique les vers suivants :

Ou Rome étend beaucoup les pouvoirs qu'elle donne,
Ou vous en faites plus qu'elle ne vous ordonne.

3 « Cela est du comique le plus négligé. » (*Voltaire.*)

C'est être ambassadeur et tendre et pitoyable [1].
Vous a-t-il conseillé beaucoup de lâchetés [2], Madame?

FLAMINIUS.
Ah! c'en est trop, et vous vous emportez.

NICOMÈDE.
Je m'emporte?

FLAMINIUS.
Sachez qu'il n'est point de contrée
Où d'un ambassadeur la dignité sacrée...

NICOMÈDE.
Ne nous vantez plus tant son rang et sa splendeur :
Qui fait le conseiller n'est plus ambassadeur,
Il excède sa charge, et lui-même y renonce.
Mais dites-moi, madame, a-t-il eu sa réponse?

LAODICE.
Oui, seigneur.

NICOMÈDE.
Sachez donc que je ne vous prends plus
Que pour l'agent d'Attale, et pour Flaminius,
Et si vous me fâchiez, j'ajouterais peut-être
Que pour l'empoisonneur d'Annibal, de mon maître.
Voilà tous les honneurs que vous aurez de moi :
S'ils ne vous satisfont, allez vous plaindre au roi.

FLAMINIUS.
Il me fera justice [3], encor qu'il soit bon père;
Ou Rome à son refus se la saura bien faire.

---

[1] « Le mot *pitoyable* signifiait alors compatissant, aussi bien que *digne de pitié*. » (*Voltaire*.)

[2] « Une grande partie de cette pièce est du style burlesque; mais il y a de temps en temps un air de grandeur qui impose, et surtout qui intéresse pour Nicomède; ce qui est un très-grand point. Au reste, jusqu'ici la plupart des scènes ne sont que des conversations assez étrangères à l'intrigue. En général, toute scène doit être une espèce d'action qui fait voir à l'esprit quelque chose de nouveau et d'intéressant. » (*Voltaire*.) — Voltaire parle de son maître avec bien de l'irrévérence. Le style de Nicomède n'a rien de burlesque; c'est un mélange, souvent très-heureux, de familiarité et de grandeur, bien préférable à la pompe soutenue et monotone qui a prévalu chez les successeurs de Corneille et de Racine.

[3] De cet hémistiche et du précédent Voltaire a composé un vers de satire qu'il plaça dans la bouche de le Franc de Pompignan :

Je vais me plaindre au roi, qui me rendra justice.   (*La Vanité*.)

NICOMÈDE.
Allez de l'un et l'autre embrasser les genoux¹.
FLAMINIUS.
Les effets répondront : prince, pensez à vous.

SCÈNE IV.

NICOMÈDE, LAODICE.

NICOMÈDE.
Cet avis est plus propre à donner à la reine².
Ma générosité cède enfin à sa haine :
Je l'épargnais assez pour ne découvrir pas
Les infâmes projets de ses assassinats ;
Mais enfin on m'y force, et tout son crime éclate.
J'ai fait entendre au roi Zénon et Métrobate,
Et comme leur rapport a de quoi l'étonner,
Lui-même il prend le soin de les examiner.
LAODICE.
Je ne sais pas, seigneur, quelle en sera la suite :
Mais je ne comprends point toute cette conduite,
Ni comme à cet éclat la reine vous contraint.
Plus elle vous doit craindre, et moins elle vous craint,
Et plus vous la pouvez accabler d'infamie,
Plus elle vous attaque en mortelle ennemie.
NICOMÈDE.
Elle prévient ma plainte, et cherche adroitement
A la faire passer pour un ressentiment,
Et ce masque trompeur de fausse hardiesse
Nous déguise sa crainte, et couvre sa faiblesse.
LAODICE.
Les mystères de cour souvent sont si cachés,
Que les plus clairvoyants y sont bien empêchés³.

1 Les genoux de Prusias, soit, mais de Rome !
2 Nicomède doit prononcer ce vers quand Flaminius se retire.
3 « Rien n'est plus utile que de comparer : opposons à ces vers ceux que Junie dit à Britannicus, et qui expriment un sentiment à peu près semblable, quoique dans une circonstance différente :

    Je ne connais Néron et la cour que d'un jour ;

Lorsque vous n'étiez point ici pour me défendre,
Je n'avais contre Attale aucun combat à rendre [1];
Rome ne songeait point à troubler notre amour :
Bien plus, on ne vous souffre ici que ce seul jour,
Et dans ce même jour Rome, en votre présence,
Avec chaleur pour lui presse mon alliance.
Pour moi, je ne vois goutte en ce raisonnement [2]
Qui n'attend point le temps de votre éloignement,
Et j'ai devant les yeux toujours quelque nuage
Qui m'offusque la vue, et m'y jette un ombrage.
Le roi chérit sa femme, il craint Rome, et pour vous,
S'il ne voit vos hauts faits d'un œil un peu jaloux,
Du moins, à dire tout, je ne saurais vous taire
Qu'il est trop bon mari pour être assez bon père [3].
Voyez quel contre-temps Attale prend ici [4] !

> Mais, si j'ose le dire, hélas ! dans cette cour
> Combien tout ce qu'on dit est loin de ce qu'on pense !
> Que la bouche et le cœur sont peu d'intelligence !
> Avec combien de joie on y trahit sa foi !
> Quel séjour étranger et pour vous et pour moi !

Voilà le style de la nature ; ce sont là des vers : c'est ainsi qu'on doit écrire. C'est une dispute bien inutile, bien puérile, que celle qui dura si longtemps entre les gens de lettres sur le mérite de Corneille et de Racine. Qu'importe à la connaissance de l'art, aux règles de la langue, à la pureté du style, à l'élégance des vers, que l'un soit venu le premier et soit parti de plus loin, et que l'autre ait trouvé la route aplanie ? ces frivoles questions n'apprennent point comment il faut parler. Le but de ce commentaire, je ne puis trop le redire, est de tâcher de former des poëtes, et de ne laisser aucun doute sur notre langue aux étrangers. » (*Voltaire.*)

1 Racine a adopté cette locution :

> Où sont-ils les combats que vous avez rendus ?

2 « *Je ne vois goutte*, expression populaire et basse. » (*Voltaire.*)

3 « On ne s'exprimerait pas autrement dans une comédie. Jusqu'ici on ne voit qu'une petite intrigue et de petites jalousies. Ce qui est encore bien plus du ressort de la comédie, c'est cet Attale qui vient n'ayant rien à dire, et à qui Laodice dit qu'il est un importun. » (*Voltaire.*) — Comment écrire ceci après la scène entre Nicomède et Flaminius ?

4 « On ne dit point *prendre un contre-temps*; et quand on le dirait, il ne faudrait pas se servir de ces tours trop familiers. » (*Voltaire.*)—*Contre-temps* signifie *temps contraire*; et dès lors on peut dire *prendre un contre-temps*, comme on dit *prendre un temps favorable*.

Qui l'appelle avec nous? quel projet? quel souci?
Je conçois mal, seigneur, ce qu'il faut que j'en pense;
Mais j'en romprai le coup, s'il y faut ma présence.
Je vous quitte.

SCÈNE V.

NICOMÈDE, ATTALE, LAODICE.

ATTALE.
Madame, un si doux entretien
N'est plus charmant pour vous quand j'y mêle le mien.
LAODICE.
Votre importunité, que j'ose dire extrême,
Me peut entretenir en un autre moi-même :
Il connaît tout mon cœur, et répondra pour moi,
Comme à Flaminius il a fait pour le roi.

SCÈNE VI.

NICOMÈDE, ATTALE.

ATTALE.
Puisque c'est la chasser, seigneur, je me retire.
NICOMÈDE.
Non, non, j'ai quelque chose aussi bien à vous dire.
Prince. J'avais mis bas, avec le nom d'aîné,
L'avantage du trône où je suis destiné,
Et voulant seul ici défendre ce que j'aime,
Je vous avais prié de l'attaquer de même,
Et de ne mêler point surtout dans vos desseins
Ni le secours du roi, ni celui des Romains.
Mais, où vous n'avez pas la mémoire fort bonne,
Ou vous n'y mettez rien de ce qu'on vous ordonne [1].

---

1 « Ces deux vers, ainsi que le dernier de cette scène, sont une

ATTALE.

Seigneur, vous me forcez à m'en souvenir mal,
Quand vous n'achevez pas de rendre tout égal.
Vous vous défaites bien de quelques droits d'aînesse :
Mais vous défaites-vous du cœur de la princesse,
De toutes les vertus qui vous en font aimer,
Des hautes qualités qui savent tout charmer,
De trois sceptres conquis, du gain de six batailles,
Des glorieux assauts de plus de cent murailles ?
Avec de tels seconds rien n'est pour vous douteux.
Rendez donc la princesse égale entre nous deux[1] :
Ne lui laissez plus voir ce long amas[2] de gloire
Qu'à pleines mains sur vous a versé la victoire,
Et faites qu'elle puisse oublier une fois
Et vos rares vertus et vos fameux exploits ;
Ou contre son amour, contre votre vaillance,
Souffrez Rome et le roi dedans l'autre balance :
Le peu qu'ils ont gagné vous fait assez juger
Qu'ils n'y mettront jamais qu'un contre-poids léger.

NICOMÈDE.

C'est n'avoir pas perdu tout votre temps à Rome,
Que vous savoir ainsi défendre en galant homme :
Vous avez de l'esprit, si vous n'avez du cœur[3].

---

ironie amère qui peut-être avilit trop le caractère d'Attale, que Corneille cependant veut rendre intéressant. Il paraît étonnant que Nicomède mette de la grandeur d'âme à injurier tout le monde, et qu'Attale, qui est brave et généreux, et qui va bientôt en donner des preuves, ait la complaisance de le souffrir. » (*Voltaire.*)

    1 « Il fallait : *rendez le combat égal.* » (*Voltaire.*) — *Égale* signifie *sans parti pris, indifférente, ne penchant d'aucun côté.*

    2 « Boileau a dit, après Corneille :

> Mais, fussiez-vous issu d'Hercule en droite ligne,
> Si vous ne faites voir qu'une bassesse indigne,
> *Ce long amas* d'aïeux que vous diffamez tous
> Sont autant de témoins qui parlent contre vous.   (*Sat.* V, v. 57.)

(*Voltaire.*) — Il faut avouer que, dans Corneille, *verser un long amas de gloire*, forme une métaphore assez incohérente.

    3 « Il ne doit pas traiter son frère de poltron, puisque ce frère va faire une action très-belle, et que cet outrage même devrait l'empêcher de la faire. » (*Voltaire.*) — Voltaire ne remarque pas qu'Attale ne tourne à la générosité que lorsque Flaminius lui défend de songer à Laodice.

SCÈNE VII.

ARSINOÉ, NICOMÈDE, ATTALE, ARASPE.

ARASPE.
Seigneur, le roi vous mande.
NICOMÈDE.
Il me mande?
ARASPE.
Oui, seigneur.
ARSINOÉ.
Prince, la calomnie est aisée à détruire.
NICOMÈDE.
J'ignore à quel sujet vous m'en venez instruire,
Moi qui ne doute point de cette vérité,
Madame.
ARSINOÉ.
Si jamais vous n'en aviez douté,
Prince, vous n'auriez pas, sous l'espoir qui vous flatte,
Amené de si loin Zénon et Métrobate.
NICOMÈDE.
Je m'obstinais, madame, à tout dissimuler
Mais vous m'avez forcé de les faire parler.
ARSINOÉ.
La vérité les force, et mieux que vos largesses.
Ces hommes du commun tiennent mal leurs promesses;
Tous deux en ont plus dit qu'ils n'avaient résolu.
NICOMÈDE.
J'en suis fâché pour vous, mais vous l'avez voulu.
ARSINOÉ.
Je le veux bien encore, et je n'en suis fâchée
Que d'avoir vu par là votre vertu tachée,
Et qu'il faille ajouter à vos titres d'honneur
La noble qualité de mauvais suborneur.
NICOMÈDE.
Je les ai subornés contre vous à ce compte?
ARSINOÉ.
J'en ai le déplaisir, vous en aurez la honte.
NICOMÈDE.
Et vous pensez par là leur ôter tout crédit?

ARSINOÉ.
Non, seigneur, je me tiens à ce qu'ils en ont dit.
NICOMÈDE.
Qu'ont-ils dit qui vous plaise, et que vous vouliez croire?
ARSINOÉ.
Deux mots de vérité qui vous comblent de gloire.
NICOMÈDE.
Peut-on savoir de vous ces deux mots importants?
ARASPE.
Seigneur, le roi s'ennuie, et vous tardez longtemps.
ARSINOÉ.
Vous les saurez de lui : c'est trop le faire attendre.
NICOMÈDE.
Je commence, madame, enfin à vous entendre :
Son amour conjugal, chassant le paternel [1],
Vous fera l'innocente, et moi le criminel.
Mais...
ARSINOÉ.
Achevez, seigneur : ce mais, que veut-il dire?
NICOMÈDE.
Deux mots de vérité qui font que je respire.
ARSINOÉ.
Peut-on savoir de vous ces deux mots importants?
NICOMÈDE.
Vous les saurez du roi; je tarde trop longtemps [2].

SCÈNE VIII.

ARSINOÉ, ATTALE.

ARSINOÉ.
Nous triomphons, Attale, et ce grand Nicomède
Voit quelle digne issue à ses fourbes succède [3].

---

1 *Chassant le paternel* est prosaïque.

2 Cette ritournelle ironique donne le dernier mot à Nicomède, mais ne le tire pas d'affaire.

3 « Cette fausse accusation, ménagée par Arsinoé, n'est pas sans quelque habileté ; mais elle est sans noblesse et sans tragique. Pourquoi les petits moyens déplaisent-ils, tandis que les grands crimes font tant d'effet? c'est que les uns inspirent la terreur, les

Les deux accusateurs que lui-même a produits,
Que pour l'assassiner je dois avoir séduits,
Pour me calomnier subornés par lui-même,
N'ont pu bien soutenir un si noir stratagème :
Tous deux m'ont accusée, et tous deux avoué
L'infame et lâche tour qu'un prince m'a joué.
Qu'en présence des rois les vérités sont fortes!
Que pour sortir d'un cœur elles trouvent de portes!
Qu'on en voit le mensonge aisément confondu!
Tous deux voulaient me perdre, et tous deux l'ont perdu.
            ATTALE.
Je suis ravi de voir qu'une telle impostur
Ait laissé votre gloire et plus grande et plus pure;
Mais pour l'examiner, et bien voir ce que c'est,
Si vous pouviez vous mettre un peu hors d'intérêt,
Vous ne pourriez jamais, sans un peu de scrupule,
Avoir pour deux méchants une âme si crédule.
Ces perfides tous deux se sont dits aujourd'hui
Et subornés par vous, et subornés par lui :
Contre tant de vertus, contre tant de victoires,
Doit-on quelque croyance à des âmes si noires?
Qui se confesse traître est indigne de foi.
            ARSINOÉ.
Vous êtes généreux, Attale, et je le voi,
Même de vos rivaux la gloire vous est chère.
            ATTALE.
Si je suis son rival, je suis aussi son frère;
Nous ne sommes qu'un sang, et ce sang dans mon cœur
A peine à le passer pour calomniateur [1].
            ARSINOÉ.
Et vous en avez moins à me croire assassine,
Moi, dont la perte est sûre à moins que sa ruine [2]!
            ATTALE.
Si contre lui j'ai peine à croire ces témoins,

autres le mépris. C'est par la même raison qu'on aime à entendre parler d'un conquérant plutôt que d'un voleur ordinaire.» (*Voltaire.*)

   1 « *A peine à le passer* n'est pas français ; on dit, dans le comique, *je le passe pour honnête homme.* » (*Voltaire.*)
   2 *Assassine*, comme substantif, n'est guère autorisé. *A moins que sa ruine* est concis, mais obscur ; il signifie : *si nous n'allons pas jusqu'à sa ruine ; à moins de* serait moins obscur, témoin ce vers du V° acte, sc. IV :

   Tout est perdu, madame, *à moins* d'un prompt remède,

Quand ils vous accusaient je les croyais bien moins.
Votre vertu, madame, est au-dessus du crime.
Souffrez donc que pour lui je garde un peu d'estime.
La sienne dans la cour lui fait mille jaloux,
Dont quelqu'un a voulu le perdre auprès de vous[1],
Et ce lâche attentat n'est qu'un trait de l'envie
Qui s'efforce à noircir une si belle vie.
   Pour moi (si par soi-même on peut juger d'autrui),
Ce que je sens en moi, je le présume en lui.
Contre un si grand rival j'agis à force ouverte,
Sans blesser son honneur, sans pratiquer sa perte.
J'emprunte du secours, et le fais hautement;
Je crois qu'il n'agit pas moins généreusement,
Qu'il n'a que les desseins où sa gloire l'invite,
Et n'oppose à mes vœux que son propre mérite.

ARSINOÉ.

Vous êtes peu du monde, et savez mal la cour.

ATTALE.

Est-ce autrement qu'en prince on doit traiter l'amour[2];

ARSINOÉ.

Vous le traitez, mon fils, et parlez en jeune homme

ATTALE.

Madame, je n'ai vu que des vertus à Rome.

ARSINOÉ.

Le temps vous apprendra, par de nouveaux emplois,
Quelles vertus il faut à la suite des rois.
Cependant si le prince est encor votre frère,
Souvenez-vous aussi que je suis votre mère,
Et malgré les soupçons que vous avez conçus,
Venez savoir du roi ce qu'il croit là-dessus.

---

1 *Dont*, par le moyen desquels.
2 Ce vers est obscur : il signifie : « est-ce qu'étant prince on doit traiter l'amour autrement que je ne le traite? »

FIN DU TROISIÈME ACTE.

ACTE QUATRIÈME.

SCÈNE I[1].

PRUSIAS, ARSINOÉ, ARASPE.

PRUSIAS.
Faites venir le prince, Araspe.
(*Araspe rentre.*)
 Et vous, madame,
Retenez des soupirs dont vous me percez l'âme.
Quel besoin d'accabler mon cœur de vos douleurs,
Quand vous y pouvez tout sans le secours des pleurs?
Quel besoin que ces pleurs prennent votre défense?
Douté-je de son crime ou de votre innocence?
Et reconnaissez-vous que tout ce qu'il m'a dit
Par quelque impression ébranle mon esprit?
ARSINOÉ.
Ah! seigneur, est-il rien qui répare l'injure
Que fait à l'innocence un moment d'imposture?
Et peut-on voir mensonge assez tôt avorté
Pour rendre à la vertu toute sa pureté?
Il en reste toujours quelque indigne mémoire

---

[1] «Arsinoé joue précisément le rôle de la femme du *Malade imaginaire*, et Prusias celui du *Malade*, qui croit sa femme. Très-souvent des scènes tragiques ont le même fond que des scènes de comédie: c'est alors qu'il faut faire les plus grands efforts pour fortifier par le style la faiblesse du sujet. On ne peut cacher entièrement le défaut, mais on l'orne, on l'embellit par le charme de la poésie: ainsi dans *Mithridate*, dans *Britannicus*, etc.» (*Voltaire.*)

Qui porte une souillure à la plus haute gloire[1]
Combien en votre cour est-il de médisants?
Combien le prince a-t-il d'aveugles partisans,
Qui, sachant une fois qu'on m'a calomniée,
Croiront que votre amour m'a seul justifiée?
Et si la moindre tache en demeure à mon nom,
Si le moindre du peuple en conserve un soupçon,
Suis-je digne de vous? et de telles alarmes
Touchent-elles trop peu pour mériter mes larmes?

PRUSIAS.

Ah! c'est trop de scrupule, et trop mal présumer
D'un mari qui vous aime, et qui vous doit aimer.
La gloire est plus solide après la calomnie,
Et brille d'autant mieux qu'elle s'en vit ternie.
Mais voici Nicomède, et je veux qu'aujourd'hui...

SCÈNE II.

PRUSIAS, ARSINOÉ, NICOMÈDE, ARASPE, GARDES.

ARSINOÉ.

Grâce, grâce, seigneur, à notre unique appui!
Grâce à tant de lauriers en sa main si fertiles!
Grâce à ce conquérant, à ce preneur de villes!
Grâce...

NICOMÈDE.

De quoi, madame? est-ce d'avoir conquis
Trois sceptres, que ma perte expose à votre fils[2]?
D'avoir porté si loin vos armes dans l'Asie,
Que même votre Rome en a pris jalousie?
D'avoir trop soutenu la majesté des rois?
Trop rempli votre cour du bruit de mes exploits?

---

[1] J.-B. Rousseau (*Epître aux Muses*) exprime la même idée en parlant de la calomnie :

> La plaie est faite, et quoiqu'il en guérisse,
> On en verra toujours la cicatrice.

[2] *Expose* ne dit pas exactement *fait passer* ou *livre*; et c'est ce qu'il fallait dire.

Trop du grand Annibal pratiqué les maximes ?
S'il faut grâce pour moi, choisissez de mes crimes
Les voilà tous, madame, et si vous y joignez
D'avoir cru des méchants par quelque autre gagnés,
D'avoir une âme ouverte, une franchise entière,
Qui, dans leur artifice, a manqué de lumière,
C'est gloire et non pas crime à qui ne voit le jour
Qu'au milieu d'une armée, et loin de votre cour,
Qui n'a que la vertu de son intelligence [1],
Et vivant sans remords, marche sans défiance.

ARSINOÉ.

Je m'en dédis, seigneur : il n'est point criminel.
S'il m'a voulu noircir d'un opprobre éternel,
Il n'a fait qu'obéir à la haine ordinaire
Qu'imprime à ses pareils le nom de belle-mère.
De cette aversion son cœur préoccupé
M'impute tous les traits dont il se sent frappé.
Que son maître Annibal, malgré la foi publique,
S'abandonne aux fureurs d'une terreur panique,
Que ce vieillard confie et gloire et liberté
Plutôt au désespoir qu'à l'hospitalité,
Ces terreurs, ces fureurs, sont de mon artifice.
Quelque appas que lui-même il trouve en Laodice,
C'est moi qui fais qu'Attale a des yeux comme lui ;
C'est moi qui force Rome à lui servir d'appui ;
De cette seule main part tout ce qui le blesse,
Et pour venger ce maître et sauver sa maîtresse,
S'il a tâché, seigneur, de m'éloigner de vous,
Tout est trop excusable en un amant jaloux.
Ce faible et vain effort ne touche point mon âme.
Je sais que tout mon crime est d'être votre femme ;
Que ce nom seul l'oblige à me persécuter :
Car enfin hors de là que peut-il m'imputer ?
Ma voix, depuis dix ans qu'il commande une armée,
A-t-elle refusé d'enfler sa renommée !
Et lorsqu'il l'a fallu puissamment secourir,
Que la moindre longueur l'aurait laissé périr,
Quel autre a mieux pressé les secours nécessaires ?
Qui l'a mieux dégagé de ses destins contraires ?
A-t-il eu près de vous un plus soigneux agent

---

[1] « Cela veut dire : *qui ne s entend qu'avec la vertu.*» (*Voltaire.*)

Pour hâter les renforts et d'hommes et d'argent ?
Vous le savez, seigneur, et pour reconnaissance,
Après l'avoir servi de toute ma puissance,
Je vois qu'il a voulu me perdre auprès de vous :
Mais tout est excusable en un amant jaloux :
Je vous l'ai déjà dit.

PRUSIAS.
Ingrat, que peux-tu dire¹ ?

NICOMÈDE.
Que la reine a pour moi des bontés que j'admire.
Je ne vous dirai point que ces puissants secours
Dont² elle a conservé mon honneur et mes jours,
Et qu'avec tant de pompe à vos yeux elle étale,
Travaillaient par ma main à la grandeur d'Attale ;
Que par mon propre bras elle amassait pour lui,
Et préparait dès lors ce qu'on voit aujourd'hui.
Par quelques sentiments qu'elle aye été poussée,
J'en laisse le ciel juge, il connaît sa pensée ;
Il sait pour mon salut comme elle a fait des vœux ;
Il lui rendra justice, et peut-être à tous deux.
Cependant, puisque enfin l'apparence est si belle,
Elle a parlé pour moi, je dois parler pour elle,
Et pour son intérêt vous faire souvenir
Que vous laissez longtemps deux méchants à punir.
Envoyez Métrobate et Zénon au supplice.
Sa gloire attend de vous ce digne sacrifice :
Tous deux l'ont accusée, et s'ils s'en sont dédits
Pour la faire innocente et charger votre fils,
Ils n'ont rien fait pour eux, et leur mort est trop juste
Après s'être joués d'une personne auguste.
L'offense une fois faite à ceux de notre rang
Ne se répare point que par des flots de sang³ :
On n'en fut jamais quitte ainsi pour s'en dédire.
Il faut sous les tourments que l'imposture expire ;
Ou vous exposeriez tout votre sang royal

---

1 Prusias parle comme Orgon : Molière a reproduit cette situation dans son *Tartufe* : l'hypocrite demandant la grâce de Damis à son père abusé ressemble parfaitement à Arsinoé.

2 *Dont*, par lesquels.

3 *Point* ne se mettrait pas aujourd'hui ; mais on peut regretter cette forme de proposition négative, où *que* équivaut à *si ce n'est que*.

ACTE IV, SCÈNE II.

A la légèreté d'un esprit déloyal.
L'exemple est dangereux et hasarde nos vies,
S'il met en sûreté de telles calomnies [1].

ARSINOÉ.

Quoi! seigneur, les punir de la sincérité
Qui soudain dans leur bouche a mis la vérité,
Qui vous a contre moi sa fourbe découverte,
Qui vous rend votre femme et m'arrache à ma perte,
Qui vous a retenu d'en prononcer l'arrêt;
Et couvrir tout cela de mon seul intérêt!
C'est être trop adroit, prince, et trop bien l'entendre [2].

PRUSIAS.

Laisse là Métrobate, et songe à te défendre.
Purge-toi d'un forfait si honteux et si bas.

NICOMÈDE.

M'en purger! moi, seigneur! vous ne le croyez pas [3]!
Vous ne savez que trop qu'un homme de ma sorte,
Quand il se rend coupable, un peu plus haut se porte,
Qu'il lui faut un grand crime à tenter son devoir [4],
Où sa gloire se sauve à l'ombre du pouvoir.
 Soulever votre peuple, et jeter votre armée
Dedans les intérêts d'une reine opprimée;
Venir, le bras levé, la tirer de vos mains,

---

1 « L'expression propre était : *s'il laisse de telles calomnies impunies*. On ne met point la calomnie en sûreté, on l'enhardit par l'impunité. » (*Voltaire.*)

2 « Ce ton bourgeois rend encore le rôle d'Arsinoé plus bas et plus petit. L'accusation d'un assassinat devait au moins jeter du tragique dans la pièce; mais il y produit à peine un faible intérêt de curiosité. » (*Voltaire.*)

3 « Ce vers est beau, noble, convenable au caractère et à la situation; il fait voir tous les défauts précédents. » (*Voltaire.*) — « Ce vers est si beau, que Voltaire s'en est ressouvenu dans *OEdipe*, en faisant dire à Jocaste par Philoctète :

   Qui? moi, de tels forfaits! moi, des assassinats!
   Et que de votre époux... vous ne le croyez pas !

(*Palissot.*)

4 « *Un homme de sa sorte, qui un peu plus haut se porte, et à qui il faut un grand crime à tenter son devoir*, n'a pas un style digne de ce beau vers :

   M'en purger! moi, seigneur! vous ne le croyez pas.

Il y a de la grandeur dans ce que dit Nicomède; mais il faut que la grandeur et la pureté du style y répondent. » (*Voltaire.*)

Malgré l'amour d'Attale et l'effort des Romains,
Et fondre en vos pays contre leur tyrannie
Avec tous vos soldats et toute l'Arménie ;
C'est ce que pourrait faire un homme tel que moi,
S'il pouvait se résoudre à vous manquer de foi.
La fourbe n'est le jeu que des petites âmes,
Et c'est là proprement le partage des femmes.
  Punissez donc, seigneur, Métrobate et Zénon ;
Pour la reine, ou pour moi, faites-vous-en raison.
A ce dernier moment la conscience presse ;
Pour rendre compte aux dieux tout respect humain cesse [1],
Et ces esprits légers, approchant des abois [2],
Pourraient bien se dédire une seconde fois.

ARSINOÉ.

Seigneur...

NICOMÈDE.

  Parlez, madame, et dites quelle cause
A leur juste supplice obstinément s'oppose ;
Ou laissez-nous penser qu'aux portes du trépas
Ils auraient des remords qui ne vous plairaient pas.

ARSINOÉ.

Vous voyez à quel point sa haine m'est cruelle ;
Quand je le justifie, il me fait criminelle :
Mais sans doute, seigneur, ma présence l'aigrit,
Et mon éloignement remettra son esprit :
Il rendra quelque calme à son cœur magnanime,
Et lui pourra sans doute épargner plus d'un crime.
  Je ne demande point que par compassion
Vous assuriez un sceptre à ma protection [3],
Ni que, pour garantir la personne d'Attale,
Vous partagiez entre eux la puissance royale :
Si vos amis de Rome en ont pris quelque soin,
C'était sans mon aveu, je n'en ai pas besoin.
Je n'aime point si mal que de ne vous pas suivre [4],

---

1 « Ces idées sont belles et justes. » (*Voltaire.*)

2 « Cette expression *des abois*, qui, par elle-même, n'est pas noble, n'est plus d'usage aujourd'hui. » (*Voltaire.*) — Corneille l'a déjà employée dans *Polyeucte*. C'est une métaphore tirée, comme disait Montaigne, du jargon des chasses.

3 « Le sens n'est pas assez clair ; elle veut dire : *que ma protection assure le sceptre à mon fils.* » (*Voltaire.*)

4 « Cela n'est pas français : il fallait : *je vous aime trop pour*

Sitôt qu'entre mes bras vous cesserez de vivre,
Et sur votre tombeau mes premières douleurs
Verseront tout ensemble et mon sang et mes pleurs.

PRUSIAS.

Ah! madame!

ARSINOÉ.

Oui, seigneur, cette heure infortunée
Par vos derniers soupirs clora ma destinée,
Et puisque ainsi jamais il ne sera mon roi,
Qu'ai-je à craindre de lui? que peut-il contre moi?
Tout ce que je demande en faveur de ce gage,
De ce fils qui déjà lui donne tant d'ombrage,
C'est que chez les Romains il retourne achever
Des jours que dans leur sein vous fîtes élever;
Qu'il retourne y traîner, sans péril et sans gloire,
De votre amour pour moi l'impuissante mémoire.
Ce grand prince vous sert, et vous servira mieux
Quand il n'aura plus rien qui lui blesse les yeux :
Et n'appréhendez point Rome, ni sa vengeance ;
Contre tout son pouvoir il a trop de vaillance :
Il sait tous les secrets du fameux Annibal,
De ce héros à Rome en tous lieux si fatal
Que l'Asie et l'Afrique admirent l'avantage
Qu'en tire Antiochus, et qu'en reçut Carthage.
Je me retire donc, afin qu'en liberté
Les tendresses du sang pressent votre bonté,
Et je ne veux plus voir ni qu'en votre présence
Un prince que j'estime indignement m'offense,
Ni que je sois forcée à vous mettre en courroux
Contre un fils si vaillant et si digne de vous.

SCÈNE III.

PRUSIAS, NICOMÈDE, ARASPE.

PRUSIAS.

Nicomède, en deux mots, ce désordre me fâche¹.

---

ne vous pas suivre : ou plutôt il ne fallait pas exprimer ce sentiment, qui est admirable quand il est vrai, ridicule quand il est faux. » (*Voltaire.*)

1 « Le mot *fâcher* est bien bourgeois. Ce vers comique et trivial

Quoi qu'on t'ose imputer, je ne te crois point lâche.
Mais donnons quelque chose à Rome qui se plaint
Et tâchons d'assurer la reine qui te craint [1].
J'ai tendresse pour toi, j'ai passion pour elle,
Et je ne veux pas voir cette haine éternelle,
Ni que des sentiments que j'aime à voir durer
Ne règnent dans mon cœur que pour le déchirer.
J'y veux mettre d'accord l'amour et la nature :
Être père et mari dans cette conjoncture...

NICOMÈDE.
Seigneur, voulez-vous bien vous en fier à moi?
Ne soyez l'un ni l'autre.

PRUSIAS.
Et que dois-je être?

NICOMÈDE.
Roi.
Reprenez hautement ce noble caractère.
Un véritable roi n'est ni mari ni père;
Il regarde son trône, et rien de plus. Régnez;
Rome vous craindra plus que vous ne la craignez [2].
Malgré cette puissance et si vaste et si grande,
Vous pouvez déjà voir comme elle m'appréhende,
Combien en me perdant elle espère gagner,
Parce qu'elle prévoit que je saurai régner.

---

jette du ridicule sur le caractère de Prusias, et fait trop apercevoir au spectateur que toute l'intrigue de cette tragédie n'est qu'une tracasserie. » (*Voltaire.*) — Le mérite en est plus grand de l'avoir rendue intéressante.

1 « Le mot d'*assurer* n'est pas français ici ; il faut *de rassurer* : on assure une vérité ; on rassure une ame intimidée. » (*Voltaire.*) — Cette décision de Voltaire est contredite par une foule d'exemples, et notamment par ce vers :

O bonté qui m'assure autant qu'elle m'honore

2 « Il n'y a peut-être rien de plus beau que ce passage dans les meilleures pièces de Corneille. Ce vrai sublime fait sentir combien l'ampoulé doit déplaire aux esprits bien faits. Il n'y a pas un mot dans ces quatre vers qui ne soit simple et noble ; rien de trop ni de trop peu ; l'idée est grande, vraie, bien placée, bien exprimée. Je ne connais point dans les anciens de passage qui l'emporte sur celui-ci. Il fallait que toute la pièce fût sur ce ton héroïque. Je ne veux pas dire que tout doive tendre au sublime, car alors il n'y en aurait point ; mais tout doit être noble. Nicomède insulte ici un peu son père, mais Prusias le mérite. » (*Voltaire.*)

PRUSIAS.

Je règne donc, ingrat, puisque tu me l'ordonnes;
Choisis, ou Laodice, ou mes quatre couronnes :
Ton roi fait ce partage entre ton frère et toi ;
Je ne suis plus ton père, obéis à ton roi.

NICOMÈDE.

Si vous étiez aussi le roi de Laodice
Pour l'offrir à mon choix avec quelque justice,
Je vous demanderais le loisir d'y penser :
Mais enfin pour vous plaire, et ne pas l'offenser,
J'obéirai, seigneur, sans répliques frivoles,
A vos intentions, et non à vos paroles.
  A ce frère si cher transportez tous mes droits,
Et laissez Laodice en liberté du choix.
Voilà quel est le mien.

PRUSIAS.

Quelle bassesse d'âme !
Quelle fureur t'aveugle en faveur d'une femme?
Tu la préfères, lâche ! à ces prix glorieux
Que ta valeur unit au bien de tes aïeux !
Après cette infamie es-tu digne de vivre ¹ ?

NICOMÈDE.

Je crois que votre exemple est glorieux à suivre :
Ne préférez-vous pas une femme à ce fils
Par qui tous ces États aux vôtres sont unis?

PRUSIAS.

Me vois-tu renoncer pour elle au diadème ?

NICOMÈDE.

Me voyez-vous pour l'autre y renoncer moi-même?
Que cédé-je à mon frère en cédant vos États?
Ai-je droit d'y prétendre avant votre trépas?
Pardonnez-moi ce mot, il est fâcheux à dire :
Mais un monarque enfin comme un autre homme expire ² ;

---

1 « Prusias ne doit point traiter son fils de lâche, ni lui dire qu'il *est indigne de vivre après cette infamie* : il doit avoir assez d'esprit pour entendre ce que lui dit son fils, et que ce prince lui explique bientôt après. » (*Voltaire.*)

2 « Quoique ce vers soit un peu prosaïque, il est si vrai, si ferme, si naturel, si convenable au caractère de Nicomède, qu'il doit plaire beaucoup, ainsi que le reste de la tirade. On aime ces vérités dures et fières, surtout quand elles sont dans la bouche d'un personnage qui les relève encore par sa situation. » (*Voltaire.*) — On doit regretter que Voltaire n'ait pas toujours pris à

Et vos peuples alors, ayant besoin d'un roi,
Voudront choisir peut-être entre ce prince et moi.
Seigneur, nous n'avons pas si grande ressemblance,
Qu'il faille de bons yeux pour y voir différence,
Et ce vieux droit d'aînesse est souvent si puissant,
Que pour remplir un trône il rappelle un absent.
Que si leurs sentiments se règlent sur les vôtres,
Sous le joug de vos lois j'en ai bien rangé d'autres,
Et dussent vos Romains en être encor jaloux,
Je ferai bien pour moi ce que j'ai fait pour vous.

PRUSIAS.

J'y donnerai bon ordre.

NICOMÈDE.

Oui, si leur artifice
De votre sang par vous se fait un sacrifice ;
Autrement vos États à ce prince livrés
Ne seront en ses mains qu'autant que vous vivrez.
Ce n'est point en secret que je vous le déclare ;
Je le dis à lui-même, afin qu'il s'y prépare :
Le voilà qui m'entend.

PRUSIAS.

Va, sans verser mon sang,
Je saurai bien, ingrat, l'assurer en ce rang,
Et demain...

SCÈNE IV.

PRUSIAS, NICOMÈDE, ATTALE, FLAMINIUS, ARASPE.
GARDES.

FLAMINIUS.

Si pour moi vous êtes en colère,

cœur, comme dans cette note, de balancer le blâme par l'éloge :
son commentaire en aurait plus de prix. En jugeant une pièce
aussi extraordinaire que *Nicomède*, il ne convenait pas de chicaner sur des détails, mais de faire remarquer, outre l'originalité
de la conception, l'adresse avec laquelle le poëte côtoie la comédie sans jamais y entrer. Le grand nom de Corneille devait retenir
la malignité et la mauvaise humeur de Voltaire.

Seigneur, je n'ai reçu qu'une offense légère :
Le sénat en effet pourra s'en indigner ;
Mais j'ai quelques amis qui sauront le gagner.
PRUSIAS.
Je lui ferai raison, et dès demain Attale
Recevra de ma main la puissance royale :
Je le fais roi de Pont et mon seul héritier.
Et quant à ce rebelle, à ce courage fier [1],
Rome entre vous et lui jugera de l'outrage :
Je veux qu'au lieu d'Attale il lui serve d'otage,
Et pour l'y mieux conduire, il vous sera donné,
Sitôt qu'il aura vu son frère couronné [2].
NICOMÈDE.
Vous m'enverrez à Rome !
PRUSIAS.
On t'y fera justice.
Va, va lui demander ta chère Laodice.
NICOMÈDE.
J'irai, j'irai, seigneur, vous le voulez ainsi,
Et j'y serai plus roi que vous n'êtes ici.
FLAMINIUS.
Rome sait vos hauts faits et déjà vous adore [3].
NICOMÈDE.
Tout beau, Flaminius [4] ! je n'y suis pas encore :
La route en est mal sûre, à tout considérer,
Et qui m'y conduira pourrait bien s'égarer.
PRUSIAS.
Qu'on le remène, Araspe, et redoublez sa garde.
(à Attale.)
Toi, rends grâces à Rome, et sans cesse regarde
Que, comme son pouvoir est la source du tien,

---

[1] *Fier* ne rime pas avec *héritier*.

[2] « Pourquoi cette idée soudaine d'envoyer Nicomède à Rome ? elle paraît bizarre. Flaminius ne l'a point demandé, il n'en a jamais été question. Prusias est un peu comme les vieillards de comédie, qui prennent des résolutions outrées, quand on leur a reproché d'être trop faibles. Il est bien lâche, dans sa colère, de remettre son fils aîné entre les mains de Flaminius, son ennemi. » (*Voltaire.*) — Cette idée de Prusias est un trait de caractère. Rien n'est plus près de la violence que la faiblesse.

[3] « Autre ironie, aussi froide que le mot *vous adore* est déplacé. »

[4] Voy. ci-dessus la note sur le *tout beau* de Polyeucte.

En perdant son appui tu ne seras plus rien.
Vous, seigneur, excusez si, me trouvant en peine
De quelques déplaisirs que m'a fait voir la reine,
Je vais l'en consoler, et vous laisse avec lui.
Attale, encore un coup, rends grâce à ton appui.

SCÈNE V.

FLAMINIUS, ATTALE.

ATTALE.
Seigneur, que vous dirai-je après des avantages
Qui sont même trop grands pour les plus grands courages.
Vous n'avez point de borne [1], et votre affection
Passe votre promesse et mon ambition.
Je l'avouerai pourtant, le trône de mon père
Ne fait pas le bonheur que plus je considère :
Ce qui touche mon cœur, ce qui charme mes sens,
C'est Laodice acquise à mes vœux innocents.
La qualité de roi qui me rend digne d'elle...

FLAMINIUS.
Ne rendra pas son cœur à vos vœux moins rebelle.

ATTALE.
Seigneur, l'occasion fait un cœur différent :
D'ailleurs, c'est l'ordre exprès de son père mourant,
Et par son propre aveu la reine d'Arménie
Est due à l'héritier du roi de Bithynie.

FLAMINIUS.
Ce n'est pas loi pour elle, et reine comme elle est,
Cet ordre, à bien parler, n'est que ce qui lui plaît.
Aimerait-elle en vous l'éclat d'un diadème
Qu'on vous donne aux dépens d'un grand prince qu'elle aime ;
En vous qui la privez d'un si cher protecteur ;
En vous qui de sa chute êtes l'unique auteur ?

---

[1] Cette expression manque d'élégance et de clarté ; *vous n'avez point de borne* signifie : « vous n'êtes point borné ; » et ce n'est pas ainsi que Corneille l'entend ; il veut dire : « votre générosité n'a point de bornes. »

ATTALE.
Ce prince hors d'ici, seigneur, que fera-t-elle ?
Qui contre Rome et nous soutiendra sa querelle ?
Car j'ose me promettre encor votre secours.

FLAMINIUS.
Les choses quelquefois prennent un autre cours ;
Pour ne vous point flatter, je n'en veux pas répondre.

ATTALE.
Ce serait bien, seigneur, de tout point me confondre,
Et je serais moins roi qu'un objet de pitié [1],
Si le bandeau royal m'ôtait votre amitié.
Mais je m'alarme trop, et Rome est plus égale :
N'en avez-vous pas l'ordre ?

FLAMINIUS.
      Oui, pour le prince Attale,
Pour un homme en son sein nourri dès le berceau :
Mais pour le roi de Pont il faut ordre nouveau.

ATTALE.
Il faut ordre nouveau ! Quoi ! se pourrait-il faire
Qu'à l'œuvre de ses mains Rome devînt contraire ;
Que ma grandeur naissante y fît quelque jaloux ?

FLAMINIUS.
Que présumez-vous, prince ? et que me dites-vous ?

ATTALE.
Vous-même dites-moi comme il faut que j'explique
Cette inégalité de votre république.

FLAMINIUS.
Je vais vous l'expliquer, et veux bien vous guérir
D'une erreur dangereuse où vous semblez courir.
 Rome qui vous servait auprès de Laodice,
Pour vous donner son trône eût fait une injustice ;
Son amitié pour vous lui faisait cette loi :
Mais par d'autres moyens elle vous a fait roi,
Et le soin de sa gloire à présent la dispense
De se porter pour vous à cette violence.
Laissez donc cette reine en pleine liberté,
Et tournez vos désirs de quelque autre côté.
Rome de votre hymen prendra soin elle-même.

ATTALE.
Mais s'il arrive enfin que Laodice m'aime ?

---

1. Il faut *un* devant *roi*, ou il ne le faut pas devant *objet de pitié*.

FLAMINIUS.

Ce serait mettre encor Rome dans le hasard
Que l'on crût artifice ou force de sa part [1];
Cet hymen jetterait une ombre sur sa gloire.
Prince, n'y pensez plus, si vous m'en pouvez croire.
Ou, si de mes conseils vous faites peu d'état,
N'y pensez plus du moins sans l'aveu du sénat.

ATTALE.

A voir quelle froideur à tant d'amour succède,
Rome ne m'aime pas; elle hait Nicomède [2],
Et lorsqu'à mes désirs elle a feint d'applaudir,
Elle a voulu le perdre, et non pas m'agrandir.

FLAMINIUS.

Pour ne vous faire pas de réponse trop rude
Sur ce beau coup d'essai de votre ingratitude,
Suivez votre caprice, offensez-vos amis;
Vous êtes souverain, et tout vous est permis :
Mais puisque enfin ce jour vous doit faire connaître
Que Rome vous a fait ce que vous allez être,
Que, perdant son appui, vous ne serez plus rien,
Que le roi vous l'a dit, souvenez-vous-en bien.

SCÈNE VI.

ATTALE.

Attale, était-ce ainsi que régnaient tes ancêtres [3]?

---

1 « La plupart de tous ces vers sont des barbarismes : celui-ci en est un; il veut dire : *ce serait exposer le sénat à passer pour un fourbe ou pour un tyran.* » (*Voltaire.*)

2 « Ce vers excellent est fait pour servir de maxime à jamais. »

3 « Dans ce monologue, qui prépare le dénoûment, on aime à voir le prince Attale prendre les sentiments qui conviennent au fils d'un roi, qui va régner lui-même. Le monologue plaît, parce qu'il est noble. Cependant, je ne sais s'il n'eût pas mieux valu qu'Attale eût puisé ces nobles sentiments dans son caractère, à la vue des lâches intrigues qu'on faisait, même en sa faveur, contre son frère. » (*Voltaire.*)—Cette combinaison aurait justifié les précédentes critiques de Voltaire sur les railleries de Nicomède contre son frère. Mais Corneille a su ce qu'il faisait.

Veux-tu le nom de roi pour avoir tant de maîtres?
Ah! ce titre à ce prix déjà m'est importun :
S'il nous en faut avoir, du moins n'en ayons qu'un.
Le ciel nous l'a donné trop grand, trop magnanime,
Pour souffrir qu'aux Romains il serve de victime.
Montrons-leur hautement que nous avons des yeux,
Et d'un si rude joug affranchissons ces lieux.
Puisqu'à leurs intérêts tout ce qu'ils font s'applique,
Que leur vaine amitié cède à leur politique,
Soyons à notre tour de leur grandeur jaloux,
Et comme ils font pour eux faisons aussi pour nous[1].

[1] « Ce vers est encore du style comique. » (*Voltaire.*)

FIN DU QUATRIÈME ACTE.

ACTE CINQUIÈME.

SCÈNE I.

ARSINOÉ, ATTALE.

ARSINOÉ.
J'ai prévu ce tumulte, et n'en vois rien à craindre ;
Comme un moment l'allume, un moment peut l'éteindre [1],
Et si l'obscurité laisse croître ce bruit,
Le jour dissipera les vapeurs de la nuit.
Je me fâche bien moins qu'un peuple se mutine
Que de voir que ton cœur dans son amour s'obstine,
Et d'une indigne ardeur lâchement embrasé,
Ne rend point de mépris à qui t'a méprisé.
Venge-toi d'une ingrate, et quitte une cruelle,
A présent que le sort t'a mis au-dessus d'elle.
Son trône, et non ses yeux, avait dû te charmer :
Tu vas régner sans elle ; à quel propos l'aimer ?
Porte, porte ce cœur à de plus douces chaînes.
Puisque te voilà roi, l'Asie a d'autres reines,
Qui, loin de te donner des rigueurs à souffrir,
T'épargneront bientôt la peine de t'offrir.

---

[1] « On n'allume pas un tumulte : il se fait dans la ville une sédition imprévue. C'est une machine qu'il n'est plus guère permis d'employer aujourd'hui, parce qu'elle est triviale, parce qu'elle n'est pas renfermée dans l'exposition de la pièce, parce que, n'étant pas née du sujet, elle est sans art et sans mérite. » (*Voltaire*.) — On ne voit pas bien pourquoi il serait défendu d'*allumer un tumulte*, quand il est permis de dire *le feu de la sédition*. Cette sédition n'est ni triviale ni tout à fait imprévue. Laodice ne dit-elle pas dès la première scène :

> Nous ferons trembler
> Ceux dont les lâchetés pensent nous accabler.
> Le peuple ici vous aime et hait ces cœurs infâmes,
> Et c'est être bien fort que régner sur tant d'âmes.

ACTE V, SCÈNE I.

ATTALE.

Mais, madame....

ARSINOÉ.

Eh bien! soit, je veux qu'elle se rende;
Prévois-tu les malheurs qu'ensuite j'appréhende?
Sitôt que d'Arménie elle t'aura fait roi,
Elle t'engagera dans sa haine pour moi.
Mais, ô dieux! pourra-t-elle y borner sa vengeance?
Pourras-tu dans son lit dormir en assurance?
Et refusera-t-elle à son ressentiment
Le fer et le poison pour venger son amant?
Qu'est-ce qu'en sa fureur une femme n'essaie[1]?

ATTALE.

Que de fausses raisons pour me cacher la vraie!
Rome, qui n'aime pas à voir un puissant roi,
L'a craint en Nicomède, et le craindrait en moi.
Je ne dois plus prétendre à l'hymen d'une reine,
Si je ne veux déplaire à notre souveraine,
Et puisque la fâcher ce serait me trahir,
Afin qu'elle me souffre, il vaut mieux obéir.
Je sais par quels moyens sa sagesse profonde
S'achemine à grands pas à l'empire du monde[2].
Aussitôt qu'un État devient un peu trop grand,
Sa chute doit guérir l'ombrage qu'elle en prend[3].
C'est blesser les Romains que faire une conquête,
Que mettre trop de bras sous une seule tête[4];
Et leur guerre est trop juste après cet attentat
Que fait sur leur grandeur un tel crime d'État[5].
Eux, qui pour gouverner sont les premiers des hommes,
Veulent que sous leur ordre on soit ce que nous sommes,
Veulent sur tous les rois un si haut ascendant
Que leur empire seul demeure indépendant.
Je les connais, madame, et j'ai vu cet ombrage

---

[1] « Notumque furens quid femina possit. »   (Virgile.)

[2] Racine a imité ce vers, et ne l'a pas égalé:

>   Depuis ce coup fatal le pouvoir d'Agrippine
>   Vers sa chute à grands pas chaque jour s'achemine.
>   *Britannicus*, act. I, sc. 1.

[3] « On ne guérit point un ombrage; cette expression est impropre. » (*Voltaire.*)

[4] « *Mettre des bras sous une tête!* » (*Voltaire.*)

[5] « *Un attentat qu'un crime d'État fait sur une grandeur*, c'est à la fois un solécisme et un barbarisme. » (*Voltaire.*)

Détruire Antiochus, et renverser Carthage[1].
De peur de choir comme eux, je veux bien m'abaisser,
Et cède à des raisons que je ne puis forcer[2].
D'autant plus justement mon impuissance y cède,
Que je vois qu'en leurs mains on livre Nicomède.
Un si grand ennemi leur répond de ma foi ;
C'est un lion tout prêt à déchaîner sur moi.

ARSINOÉ.
C'est de quoi je voulais vous faire confidence :
Mais vous me ravissez d'avoir cette prudence.
Le temps pourra changer ; cependant prenez soin
D'assurer des jaloux dont vous avez besoin[3].

SCÈNE II[4].

FLAMINIUS, ARSINOÉ, ATTALE.

ARSINOÉ.
Seigneur, c'est remporter une haute victoire
Que de rendre un amant capable de me croire :
J'ai su le ramener aux termes du devoir,
Et sur lui la raison a repris son pouvoir.

FLAMINIUS.
Madame, voyez donc si vous serez capable
De rendre également ce peuple raisonnable.

---

1 « *Un ombrage qui a détruit Carthage !* » (*Voltaire.*)

2 « *Des raisons qu'on ne peut forcer*, c'est un barbarisme. » (*Voltaire.*)

3 « *Assurer des jaloux* ne s'entend point. Quelque sens qu'on donne à cette phrase, elle est inintelligible. » (*Voltaire.*) — Elle n'est pas inintelligible, puisque *assurer* s'entend pour *donner de la confiance*. Il est naturel qu'Arsinoé recommande à Attale de ne pas inspirer de défiance aux Romains dont il a besoin.

4 « Cette scène paraît jeter un peu de ridicule sur la reine. Flaminius vient l'avertir, elle et son fils, qu'il n'est pas sage de parler de toute autre chose que d'une sédition qui est à craindre, et lui cite de vieux exemples de l'histoire de Rome ; au lieu de s'adresser au roi, il vient parler à sa femme : c'est traiter ce roi en vieillard de comédie qui n'est pas le maître chez lui. » (*Voltaire.*)

Le mal croît; il est temps d'agir de votre part[1],
Ou quand vous le voudrez, vous le voudrez trop tard[2].
Ne vous figurez plus que ce soit le confondre
Que de le laisser faire, et ne lui point répondre.
Rome autrefois a vu de ces émotions,
Sans embrasser jamais vos résolutions[3],
Quand il fallait calmer toute une populace,
Le sénat n'épargnait promesse ni menace,
Et rappelait par là son escadron mutin
Et du mont Quirinal et du mont Aventin,
Dont il l'aurait vu faire une horrible descente,
S'il eût traité longtemps sa fureur d'impuissante,
Et l'eût abandonnée à sa confusion,
Comme vous semblez faire en cette occasion.

ARSINOÉ.

Après ce grand exemple en vain on délibère :
Ce qu'a fait le sénat montre ce qu'il faut faire,
Et le roi... Mais il vient.

SCÈNE III.

PRUSIAS, ARSINOÉ, FLAMINIUS, ATTALE.

PRUSIAS.

Je ne puis plus douter,
Seigneur, d'où vient le mal que je vois éclater :
Ces mutins ont pour chefs les gens de Laodice.

FLAMINIUS.

J'en avais soupçonné déjà son artifice.

ATTALE.

Ainsi votre tendresse et vos soins sont payés[4] !

FLAMINIUS.

Seigneur, il faut agir, et, si vous m'en croyez...

---

1 *De votre part* s'entend ordinairement *en votre nom;* ici il signifie *de votre côté :* « il est temps que vous agissiez. »

2 « Il est trop tard. » Combien ce mot a-t-il fait trébucher de puissances ?

3 Expression vague qui signifie, *sans prendre le parti que vous prenez,* c'est-à-dire, de laisser faire.

4 « C'est ici une ironie d'Attale ; il a dessein de sauver Nicomède. » (*Voltaire.*)

SCÈNE IV.

PRUSIAS, ARSINOÉ, FLAMINIUS, ATTALE, CLÉONE.

CLÉONE.
Tout est perdu, madame, à moins d'un prompt remède :
Tout le peuple à grands cris demande Nicomède ;
Il commence lui-même à se faire raison,
Et vient de déchirer Métrobate et Zénon.
ARSINOÉ.
Il n'est donc plus à craindre, il a pris ses victimes :
Sa fureur sur leur sang va consumer ses crimes ;
Elle s'applaudira de cet illustre effet,
Et croira Nicomède amplement satisfait.
FLAMINIUS.
Si ce désordre était sans chefs et sans conduite,
Je voudrais, comme vous, en craindre moins la suite ;
Le peuple par leur mort pourrait s'être adouci ;
Mais un dessein formé ne tombe pas ainsi :
Il suit toujours son but jusqu'à ce qu'il l'emporte ;
Le premier sang versé rend sa fureur plus forte ;
Il l'amorce, il l'acharne, il en éteint l'horreur,
Et ne lui laisse plus ni pitié ni terreur.

SCÈNE V.

PRUSIAS, FLAMINIUS, ARSINOÉ, ATTALE, CLÉONE, ARASPE.

ARASPE.
Seigneur, de tous côtés le peuple vient en foule ;
De moment en moment votre garde s'écoule,
Et suivant les discours qu'ici même j'entends,
Le prince entre mes mains ne sera pas longtemps ;
Je n'en puis plus répondre.

ACTE V, SCÈNE V.

PRUSIAS.
                    Allons, allons le rendre,
Ce précieux objet d'une amitié si tendre.
Obéissons, madame, à ce peuple sans foi,
Qui, las de m'obéir, en veut faire son roi,
Et du haut d'un balcon, pour calmer la tempête,
Sur ses nouveaux sujets faisons voler sa tête.

ATTALE.
Ah, seigneur!

PRUSIAS.
            C'est ainsi qu'il lui sera rendu :
A qui le cherche ainsi, c'est ainsi qu'il est dû[1].

ATTALE.
Ah! seigneur, c'est tout perdre, et livrer à sa rage
Tout ce qui de plus près touche votre courage[2],
Et j'ose dire ici que votre majesté
Aura peine elle-même à trouver sûreté.

PRUSIAS.
Il faut donc se résoudre à tout ce qu'il m'ordonne,
Lui rendre Nicomède avecque ma couronne :
Je n'ai point d'autre choix, et s'il est le plus fort,
Je dois à son idole ou mon sceptre ou la mort.

FLAMINIUS.
Seigneur, quand ce dessein aurait quelque justice,
Est-ce à vous d'ordonner que ce prince périsse?
Quel pouvoir sur ses jours vous demeure permis?
C'est l'otage de Rome, et non plus votre fils[3] :
Je dois m'en souvenir quand son père l'oublie.
C'est attenter sur nous qu'ordonner de sa vie :
J'en dois compte au sénat, et n'y puis consentir.
Ma galère est au port toute prête à partir,

---

1 Si Prusias était énergique ou féroce par nature, ces vers produiraient un grand effet; mais pusillanime comme il est, son langage est ridicule.

2 « Expression vicieuse. » (*Voltaire.*) — Courage est pris dans le sens de cœur.

3 « Tout ce discours de Flaminius est une conséquence de son caractère artificieux parfaitement soutenu : mais remarquez que jamais des raisonnements politiques ne font un grand effet dans un cinquième acte, où tout doit être action ou sentiment, où la terreur et la pitié doivent s'emparer de tous les cœurs. » (*Voltaire.*)

Le palais y répond par la porte secrète:
Si vous le voulez perdre, agréez ma retraite;
Souffrez que mon départ fasse connaître à tous
Que Rome a des conseils plus justes et plus doux,
Et ne l'exposez pas à ce honteux outrage
De voir à ses yeux même immoler son otage.

ARSINOÉ.
Me croirez-vous, seigneur, et puis-je m'expliquer?

PRUSIAS.
Ah! rien de votre part ne saurait me choquer;
Parlez.

ARSINOÉ.
Le ciel m'inspire un dessein dont j'espère
Et satisfaire Rome et ne vous pas déplaire.
S'il est prêt à partir, il peut en ce moment
Enlever avec lui son otage aisément :
Cette porte secrète ici nous favorise.
Mais, pour faciliter d'autant mieux l'entreprise,
Montrez-vous à ce peuple, et, flattant son courroux,
Amusez-le du moins à débattre avec vous [1];
Faites-lui perdre temps, tandis qu'en assurance
La galère s'éloigne avec son espérance.
S'il force le palais, et ne l'y trouve plus,
Vous ferez comme lui le surpris, le confus [2];
Vous accuserez Rome, et promettrez vengeance
Sur quiconque sera de son intelligence.
Vous enverrez après, sitôt qu'il sera jour,
Et vous lui donnerez l'espoir d'un prompt retour,
Ou mille empêchements que vous ferez vous-même
Pourront de toutes parts aider au stratagème [3].
Quelque aveugle transport qu'il témoigne aujourd'hui,

---

1 « *Débattre* est un verbe réfléchi qui n'emporte point son action avec lui : il en est ainsi de *plaindre, souvenir;* on dit *se plaindre, se souvenir, se débattre :* mais quand *débattre* est actif, il faut un sujet, un objet, un régime : nous avons débattu ce point, cette opinion fut débattue. » (*Voltaire.*)

2 « C'est un vers de comédie; et le conseil d'Arsinoé tient aussi un peu du comique. » (*Voltaire.*)

3 « Le roi et son épouse, qui, dans une situation si pressante, ont resté si longtemps paisibles, se déterminent enfin à prendre un parti ; mais il paraît que le lâche conseil que donne Arsinoé est petit, indigne de la tragédie; et ses expressions : *faire le surpris, le confus, sitôt qu'il sera jour,* et *fuir vous et moi,* sont d'un style aussi lâche que le conseil. » (*Voltaire.*)

Il n'attentera rien tant qu'il craindra pour lui [1],
Tant qu'il présumera son effort inutile.
Ici la délivrance en paraît trop facile,
Et s'il l'obtient, seigneur, il faut fuir vous et moi :
S'il le voit à sa tête, il en fera son roi ;
Vous le jugez vous-même.
PRUSIAS.
Ah ! j'avouerai, madame,
Que le ciel a versé ce conseil dans votre âme [2].
Seigneur, se peut-il voir rien de mieux concerté ?
FLAMINIUS.
Il vous assure et vie, et gloire, et liberté,
Et vous avez d'ailleurs Laodice en otage :
Mais qui perd temps ici perd tout son avantage.
PRUSIAS.
Il n'en faut donc plus perdre : allons-y de ce pas.
ARSINOÉ.
Ne prenez avec vous qu'Araspe et trois soldats :
Peut-être un plus grand nombre aurait quelque infidèle.
J'irai chez Laodice et m'assurerai d'elle.
Attale, où courez-vous ?
ATTALE.
Je vais de mon côté
De ce peuple mutin amuser la fierté,
A votre stratagème en ajouter quelque autre [3].
ARSINOÉ.
Songez que ce n'est qu'un que mon sort et le vôtre,
Que vos seuls intérêts me mettent en danger.
ATTALE.
Je vais périr, madame, ou vous en dégager.
ARSINOÉ.
Allez donc. J'aperçois la reine d'Arménie.

---

1 Pour Nicomède.
2 « C'est là que Prusias est plus que jamais un vieillard de Molière, qui ne sait quel parti prendre, et qui trouve toujours que sa femme a raison. » (*Voltaire.*)
3 « Le projet que forme sur-le-champ le prince Attale de délivrer son frère est noble, grand, et produit dans la scène un très-bel effet ; mais la manière dont il l'annonce aux spectateurs ne tient-elle pas trop de la comédie ? (*Voltaire.*)

SCÈNE VI.

ARSINOÉ, LAODICE, CLÉONE.

ARSINOÉ.
La cause de nos maux doit-elle être impunie?
LAODICE.
Non, madame, et pour peu qu'elle ait d'ambition,
Je vous réponds déjà de sa punition.
ARSINOÉ.
Vous qui savez son crime, ordonnez de sa peine.
LAODICE.
Un peu d'abaissement suffit pour une reine :
C'est déjà trop de voir son dessein avorté.
ARSINOÉ.
Dites, pour châtiment de sa témérité,
Qu'il lui faudrait du front tirer le diadème.
LAODICE.
Parmi les généreux il n'en va pas de même;
Ils savent oublier quand ils ont le dessus,
Et ne veulent que voir leurs ennemis confus.
ARSINOÉ.
Ainsi qui peut vous croire, aisément se contente.
LAODICE.
Le ciel ne m'a pas fait l'âme plus violente[1].
ARSINOÉ.
Soulever des sujets contre leur souverain,
Leur mettre à tous le fer et la flamme en la main,

---

[1] « Voici encore, au cinquième acte, dans le moment où l'action est la plus vive, une scène d'ironie, mais remplie de beaux vers. Laodice, en qualité de chef de parti, au lieu de venir braver la reine sous le frivole prétexte de la prendre sous sa protection, devrait veiller plus soigneusement à la suite de la révolte et à la sûreté du prince qu'elle appelle son époux ; elle vient inutilement ; elle n'a rien à dire à Arsinoé. Ces deux femmes se bravent sans savoir en quel état sont leurs affaires ; mais les scènes de bravade réussissent presque toujours au théâtre. » (*Voltaire*.)

Jusque dans le palais pousser leur insolence,
Vous appelez cela fort peu de violence.

LAODICE.

Nous nous entendons mal, madame, et je le voi
Ce que je dis pour vous, vous l'expliquez pour moi [1].
  Je suis hors de souci pour ce qui me regarde,
Et je viens vous chercher pour vous prendre en ma garde,
Pour ne hasarder pas en vous la majesté
Au manque de respect d'un grand peuple irrité.
Faites venir le roi, rappelez votre Attale;
Que je conserve en eux la dignité royale :
Ce peuple en sa fureur peut les connaître mal.

ARSINOÉ.

Peut-on voir un orgueil à votre orgueil égal!
Vous, par qui seule ici tout ce désordre arrive,
Vous, qui dans ce palais vous voyez ma captive,
Vous, qui me répondrez au prix de votre sang
De tout ce qu'un tel crime attente sur mon rang,
Vous me parlez encore avec la même audace
Que si j'avais besoin de vous demander grâce !

LAODICE.

Vous obstiner, madame, à me parler ainsi,
C'est ne vouloir pas voir que je commande ici,
Que, quand il me plaira, vous serez ma victime.
Et ne m'imputez point ce grand désordre à crime :
Votre peuple est coupable, et dans tous vos sujets
Ces cris séditieux sont autant de forfaits;
Mais pour moi qui suis reine, et qui, dans nos querelles,
Pour triompher de vous, vous ai fait ces rebelles,
Par le droit de la guerre il fut toujours permis
D'allumer la révolte entre ses ennemis :
M'enlever mon époux, c'est vous faire la mienne.

ARSINOÉ.

Je la suis donc, madame, et quoi qu'il en avienne,
Si ce peuple une fois enfonce le palais,
C'est fait de votre vie, et je vous le promets.

LAODICE.

Vous tiendrez mal parole, ou bientôt sur ma tombe
Tout le sang de vos rois servira d'hécatombe.

---

1 « Ces méprises entre deux reines, ces équivoques semblent bien peu dignes de la tragédie. » (*Voltaire.*)

Mais avez-vous encor parmi votre maison
Quelque autre Métrobate, ou quelque autre Zénon?
N'appréhendez-vous point que tous vos domestiques
Ne soient déjà gagnés par mes sourdes pratiques[1]?
En savez-vous quelqu'un si prêt à se trahir,
Si las de voir le jour, que de vous obéir?
  Je ne veux point régner sur votre Bithynie :
Ouvrez-moi seulement les chemins d'Arménie,
Et pour voir tout d'un coup vos malheurs terminés,
Rendez-moi cet époux qu'en vain vous retenez.

               ARSINOÉ.

Sur le chemin de Rome il vous faut l'aller prendre ;
Flaminius l'y mène, et pourra vous le rendre :
Mais hâtez-vous, de grâce, et faites bien ramer,
Car déjà sa galère a pris le large en mer[2].

               LAODICE.

Ah! si je le croyais!...

               ARSINOÉ.

        N'en doutez point, madame.

               LAODICE.

Fuyez donc les fureurs qui saisissent mon âme :
Après le coup fatal de cette indignité,
Je n'ai plus ni respect ni générosité.
  Mais plutôt demeurez pour me servir d'otage[3]
Jusqu'à ce que ma main de ses fers le dégage.
J'irai jusque dans Rome en briser les liens,
Avec tous vos sujets, avecque tous les miens ;
Aussi bien Annibal nommait une folie
De présumer la vaincre ailleurs qu'en Italie[4].
Je veux qu'elle me voie au cœur de ses États

---

1 Voy. ci-dessus, p. 25, not. 3.

2 « Ironie, ou plutôt plaisanterie indigne de la noblesse tragique, ainsi que toutes celles qu'on a remarquées. » (*Voltaire*.)

3 « Elle lui parle comme si elle était maîtresse du palais ; elle devrait donc avoir des gardes. » (*Voltaire*.)

4 Racine s'est inspiré de ce passage lorsqu'il fait dire à Mithridate (act. II, sc. I):

    Annibal l'a prédit, croyons-en ce grand homme,
    On ne vaincra jamais les Romains que dans Rome.

Cette idée se trouve dans Justin (l. XXX, c. v) : « Ait Annibal Ro-
« manos vinci non nisi armis suis posse, nec Italiam aliter quam
« italicis viribus subigi. »

Soutenir ma fureur d'un million de bras,
Et sous mon désespoir rangeant sa tyrannie...
ARSINOÉ.
Vous voulez donc enfin régner en Bithynie?
Et dans cette fureur qui vous trouble aujourd'hui,
Le roi pourra souffrir que vous régniez pour lui?
LAODICE.
J'y régnerai, madame, et sans lui faire injure.
Puisque le roi veut bien n'être roi qu'en peinture[1],
Que lui doit importer qui donne ici la loi,
Et qui règne pour lui des Romains ou de moi?
Mais un second otage entre mes mains se jette.

SCÈNE VII.

ARSINOÉ, LAODICE, ATTALE, CLÉONE.

ARSINOÉ.
Attale, avez-vous su comme ils ont fait retraite?
ATTALE.
Ah! madame!
ARSINOÉ.
    Parlez.
ATTALE.
        Tous les dieux irrités
Dans les derniers malheurs nous ont précipités.
Le prince est échappé[2].
LAODICE.
        Ne craignez plus, madame;
La générosité déjà rentre en mon âme.
ARSINOÉ.
Attale, prenez-vous plaisir à m'alarmer?

---

1 « *Être roi en peinture* : cette expression est du grand nombre de celles auxquelles on reproche d'être trop familières. » (*Voltaire*.)

2 « C'est dommage que la belle action d'Attale ne se présente ici que sous l'idée d'un mensonge et d'une supercherie : *le prince est échappé* tient encore du comique. » (*Voltaire*.)

ATTALE.

Ne vous flattez point tant que de le présumer.
Le malheureux Araspe, avec sa faible escorte,
L'avait déjà conduit à cette fausse porte ;
L'ambassadeur de Rome était déjà passé,
Quand, dans le sein d'Araspe, un poignard enfoncé
Le jette aux pieds du prince. Il s'écrie, et sa suite,
De peur d'un pareil sort, prend aussitôt la fuite.

ARSINOÉ.

Et qui dans cette porte a pu le poignarder ?

ATTALE.

Dix ou douze soldats qui semblaient la garder.
Et ce prince...

ARSINOÉ.

Ah ! mon fils ! qu'il est partout de traîtres !
Qu'il est peu de sujets fidèles à leurs maîtres !
Mais de qui savez-vous un désastre si grand ?

ATTALE.

Des compagnons d'Araspe, et d'Araspe mourant.
Mais écoutez encor ce qui me désespère.
J'ai couru me ranger auprès du roi mon père ;
Il n'en était plus temps : ce monarque étonné
A ses frayeurs déjà s'était abandonné,
Avait pris un esquif pour tâcher de rejoindre
Ce Romain dont l'effroi peut-être n'est pas moindre.

SCÈNE VIII.

PRUSIAS, FLAMINIUS, ARSINOÉ, LAODICE, ATTALE, CLÉONE.

PRUSIAS.

Non, non, nous revenons l'un et l'autre en ces lieux
Défendre votre gloire, ou mourir à vos yeux [1].

---

[1] « Corneille dit lui-même, dans son Examen, qu'il avait d'abord fini sa pièce sans faire revenir l'ambassadeur et le roi ; qu'il n'a fait ce changement que pour plaire au public, qui aime à voir à la fin d'une pièce tous les acteurs réunis : il convient que ce retour avilit encore plus le caractère de Prusias, de même que celui

ACTE V, SCÈNE VIII.

ARSINOÉ.

Mourons, mourons, seigneur, et dérobons nos vies
A l'absolu pouvoir des fureurs ennemies ;
N'attendons pas leur ordre, et montrons-nous jaloux
De l'honneur qu'ils auraient à disposer de nous[1].

LAODICE.

Ce désespoir, madame, offense un si grand homme
Plus que vous n'avez fait en l'envoyant à Rome :
Vous devez le connaître, et puisqu'il a ma foi,
Vous devez présumer qu'il est digne de moi.
Je le désavouerais s'il n'était magnanime,
S'il manquait à remplir l'effort de mon estime[2],
S'il ne faisait paraître un cœur toujours égal.
Mais le voici, voyez si je le connais mal.

SCÈNE IX.

PRUSIAS, NICOMÈDE, ARSINOÉ, LAODICE, FLAMINIUS, ATTALE, CLÉONE.

NICOMÈDE.

Tout est calme, seigneur ; un moment de ma vue
A soudain apaisé la populace émue.

PRUSIAS.

Quoi ! me viens-tu braver jusque dans mon palais,
Rebelle ?

---

de Flaminius, qui se trouve dans une situation humiliante, puisqu'il semble n'être revenu que pour être témoin du triomphe de son ennemi. Cela prouve que le plan de cette tragédie était impraticable. » (*Voltaire.*) — Il fallait seulement que le caractère de Prusias fût sacrifié ; et il est vrai de dire que Corneille a fait le sacrifice complet.

1 « La pensée est très-mal exprimée : il fallait dire : *ravissons-leur, en mourant, la gloire d'ordonner de notre sort.*» (*Voltaire.*)

2 « *Manquer à remplir l'effort d'une estime !* On ne voit point cette foule de barbarismes dans les belles scènes d'*Horace* et de *Cinna*. Par quelle fatalité Corneille écrivait-il toujours avec plus d'incorrection à mesure que la langue se perfectionnait sous Louis XIV ? Plus son goût et son style devaient se perfectionner, et plus ils se corrompaient. » (*Voltaire.*)

NICOMÈDE.
C'est un nom que je n'aurai jamais.
Je ne viens point ici montrer à votre haine
Un captif insolent d'avoir brisé sa chaîne;
Je viens en bon sujet vous rendre le repos[1]
Que d'autres intérêts troublaient mal à propos.
Non que je veuille à Rome imputer quelque crime :
Du grand art de régner elle suit la maxime,
Et son ambassadeur ne fait que son devoir,
Quand il veut entre nous partager le pouvoir.
Mais ne permettez pas qu'elle vous y contraigne;
Rendez-moi votre amour, afin qu'elle vous craigne;
Pardonnez à ce peuple un peu trop de chaleur
Qu'à sa compassion a donné mon malheur;
Pardonnez un forfait qu'il a cru nécessaire,
Et qui ne produira qu'un effet salutaire.
Faites-lui grâce aussi, madame, et permettez
Que jusques au tombeau j'adore vos bontés.
Je sais par quel motif vous m'êtes si contraire :
Votre amour maternel veut voir régner mon frère,
Et je contribuerai moi-même à ce dessein,
Si vous pouvez souffrir qu'il soit roi de ma main.
Oui, l'Asie à mon bras offre encor des conquêtes,
Et pour l'en couronner mes mains sont toutes prêtes :
Commandez seulement, choisissez en quels lieux,
Et j'en apporterai la couronne à vos yeux.

ARSINOÉ.
Seigneur, faut-il si loin pousser votre victoire,
Et qu'ayant en vos mains et mes jours et ma gloire,
La haute ambition d'un si puissant vainqueur
Veuille encor triompher jusque dedans mon cœur?

---

[1] « Nicomède, toujours fier et dédaigneux, bravant toujours son père, sa marâtre et les Romains, devient généreux, et même docile, dans le moment où ils veulent le perdre et où il se trouve leur maître. Cette grandeur d'âme réussit toujours; mais, il ne doit pas dire qu'il adore les bontés d'Arsinoé. Quant au royaume qu'il offre de conquérir au prince Attale, cette promesse ne paraît-elle pas trop romanesque? et ne peut-on pas craindre que cette vanité ne fasse une opposition trop forte avec les discours nobles et sensés qui la précèdent! Au reste, le retour de Nicomède dut faire grand plaisir aux spectateurs; et je présume qu'il en eût fait davantage si ce prince eût été dans un danger évident de perdre la vie. » (*Voltaire.*)

Contre tant de vertu je ne puis le défendre;
Il est impatient lui-même de se rendre.
Joignez cette conquête à trois sceptres conquis,
Et je croirai gagner en vous un second fils.

PRUSIAS.

Je me rends donc aussi, madame, et je veux croire
Qu'avoir un fils si grand est ma plus grande gloire [1].
Mais, parmi les douceurs qu'enfin nous recevons,
Faites-nous savoir, prince, à qui nous vous devons.

NICOMÈDE.

L'auteur d'un si grand coup m'a caché son visage;
Mais il m'a demandé mon diamant pour gage [1],
Et me le doit ici rapporter dès demain.

ATTALE.

Le voulez-vous, seigneur, reprendre de ma main?

NICOMÈDE.

Ah! laissez-moi toujours à cette digne marque
Reconnaître en mon sang un vrai sang de monarque.
Ce n'est plus des Romains l'esclave ambitieux,
C'est le libérateur d'un sang si précieux.
Mon frère, avec mes fers vous en brisez bien d'autres,
Ceux du roi, de la reine, et les siens et les vôtres.
Mais pourquoi vous cacher en sauvant tout l'État?

ATTALE.

Pour voir votre vertu dans son plus haut éclat;
Pour la voir seule agir contre notre injustice,
Sans la préoccuper par ce faible service,
Et me venger enfin ou sur vous ou sur moi,
Si j'eusse mal jugé de tout ce que je voi.
Mais, madame...

ARSINOÉ.

Il suffit, voilà le stratagème
Que vous m'aviez promis pour moi contre moi-même:

---

1 « Si Prusias n'est pas du commencement jusqu'à la fin un vieillard de comédie, j'ai tort. » (*Voltaire.*)

2 « Attale paraît ici bien prudent, et Nicomède bien peu curieux; mais si ce moyen n'est pas digne de la tragédie, la situation n'en est pas moins belle; il paraît seulement bien injuste e bien odieux qu'Attale ait assassiné un officier du roi son père, qui faisait son devoir. A l'égard du diamant, je ne sais si Boileau, qui blâmait tant l'anneau royal dans Astrate, était content du diamant de Nicomède. » (*Voltaire.*)

(à Nicomède.)
Et j'ai l'esprit, seigneur, d'autant plus satisfait,
Que mon sang rompt le cours du mal que j'avais fait.

NICOMÈDE, *à Flaminius.*

Seigneur, à découvert, toute âme généreuse
D'avoir votre amitié doit se tenir heureuse ;
Mais nous n'en voulons plus avec ces dures lois
Qu'elle jette toujours sur la tête des rois :
Nous vous la demandons hors de la servitude,
Ou le nom d'ennemi nous semblera moins rude.

FLAMINIUS, *à Nicomède.*

C'est de quoi le sénat pourra délibérer :
Mais cependant pour lui j'ose vous assurer,
Prince, qu'à ce défaut vous aurez son estime,
Telle que doit l'attendre un cœur si magnanime,
Et qu'il croira se faire un illustre ennemi,
S'il ne vous reçoit pas pour généreux ami.

PRUSIAS.

Nous autres, réunis sous de meilleurs auspices,
Préparons à demain de justes sacrifices,
Et demandons aux dieux, nos dignes souverains,
Pour comble de bonheur l'amitié des Romains [1].

---

[1] « Cette pièce est peut-être une des plus fortes preuves du génie de Corneille ; et je ne suis pas étonné de l'affection qu'il avait pour elle. Ce genre est non-seulement le moins théâtral de tous, mais le plus difficile à traiter. Il n'a point cette magie qui transporte l'âme, comme le dit si bien Horace. » (*Voltaire.*) — Pourquoi donc avoir fait tant de notes acerbes ?

FIN.

EXAMEN DE NICOMÈDE.

Voici une pièce d'une constitution assez extraordinaire ; aussi est-ce la vingt et unième que j'ai mise sur le théâtre ; et après y avoir fait réciter quarante mille vers, il est bien malaisé de trouver quelque chose de nouveau, sans s'écarter un peu du grand chemin, et se mettre au hasard de s'égarer. La tendresse et les passions, qui doivent être l'âme des tragédies, n'ont aucune part en celle-ci ; la grandeur de courage y règne seule, et regarde son malheur d'un œil si dédaigneux, qu'il n'en saurait arracher une plainte. Elle y est combattue par la politique, et n'oppose à ses artifices qu'une prudence généreuse, qui marche à visage découvert, qui prévoit le péril sans s'émouvoir, et qui ne veut point d'autre appui que celui de sa vertu, et de l'amour qu'elle imprime dans les cœurs de tous les peuples.

L'histoire qui m'a prêté de quoi la faire paraître en ce haut degré est tirée du trente-quatrième livre de Justin. J'ai ôté de ma scène l'horreur de sa catastrophe, où le fils fait assassiner son père qui lui en avait voulu faire autant, et n'ai donné ni à Prusias ni à Nicomède aucun dessein de parricide. J'ai fait ce dernier amoureux de Laodice, reine d'Arménie, afin que l'union d'une couronne voisine à la sienne donnât plus d'ombrage aux Romains, et leur fît prendre plus de soin d'y mettre un obstacle de leur part. J'ai approché de cette histoire celle de la mort d'Annibal, qui arriva un peu auparavant chez ce même roi, et dont le nom n'est pas un petit ornement à mon ouvrage. J'en ai fait Nicomède disciple, pour lui prêter plus de valeur et plus de fierté contre les Romains; et, prenant l'occasion de l'ambassade où Flaminius fut envoyé par eux vers ce roi leur allié pour demander qu'on remît entre leurs mains ce vieil ennemi de leur grandeur, je l'ai chargé d'une commission secrète de traverser ce mariage, qui leur devait donner de la jalousie. J'ai fait que, pour gagner l'esprit de la reine, qui, suivant l'ordinaire des secondes femmes, avait tout pouvoir sur celui de son vieux mari, il lui ramène un de ses fils, que mon auteur m'apprend avoir été nourri à Rome. Cela fait deux effets; car, d'un côté, il obtient la perte d'Annibal par le moyen de cette mère ambitieuse, et, de l'autre, il oppose à Nicomède un rival appuyé de toute la faveur des Romains, jaloux de sa gloire et de sa grandeur naissante.

Les assassins qui découvrirent à ce prince les sanglants desseins de son père, m'ont donné jour à d'autres artifices pour le faire tomber dans les embûches que sa belle-mère lui avait préparées; et pour la fin, je l'ai réduite en sorte que tous mes personnages y agissent avec générosité, et que les uns rendant ce qu'ils doivent à la vertu, et les autres demeurant dans la fermeté de leur devoir, laissent un exemple assez illustre et une conclusion assez agréable.

La représentation n'en a point déplu, et ce ne sont pas les moindres vers qui soient partis de ma main. Mon principal but a été de peindre la politique des Romains au dehors, et comme ils agissaient impérieusement avec les rois leurs alliés; leurs maximes pour les empêcher de s'accroître, et les soins qu'ils prenaient de traverser leur grandeur quand elle commençait à leur devenir suspecte, à force de s'augmenter et de se rendre considérable par de nouvelles conquêtes. C'est le caractère que j'ai donné à leur république en la personne de son ambassadeur Flaminius, à qui j'oppose un prince intrépide, qui voit sa perte assurée sans s'ébranler, et qui brave l'orgueilleuse masse de leur puissance, lors même qu'il en est accablé. Ce héros de ma façon sort un peu des règles de la tragédie, en ce qu'il ne cherche point à faire pitié par l'excès de ses infortunes : mais le succès a montré que la fermeté des grands cœurs, qui n'excite que de l'admiration dans l'âme du spectateur, est quelquefois aussi agréable que la compassion que notre art nous ordonne d'y produire par la représentation de leurs malheurs. Il en fait naître toutefois quelqu'une, mais elle ne va pas jusqu'à tirer des larmes. Son effet se borne à mettre les auditeurs dans les intérêts de ce prince, et à leur faire former des souhaits pour ses prospérités.

Dans l'admiration qu'on a pour sa vertu, je trouve une manière de purger les passions, dont n'a point parlé Aristote, et qui est peut-être plus sûre que celle qu'il prescrit à la tragédie par le moyen de la pitié et de la crainte. L'amour qu'elle nous donne pour cette vertu que nous admirons nous imprime de la haine pour le vice contraire. La grandeur de courage de Nicomède nous laisse une aversion de la pusillanimité; et la généreuse reconnaissance d'Héraclius qui expose sa vie pour Martian, à qui il est redevable de la sienne, nous jette dans l'horreur de l'ingratitude.

Je ne veux point dissimuler que cette pièce est une

de celles pour qui j'ai le plus d'amitié. Aussi n'y remarquerai-je que ce défaut de la fin qui va trop vite, comme je l'ai dit ailleurs, et où l'on peut même trouver quelque inégalité de mœurs en Prusias et Flaminius, qui, après avoir pris la fuite sur la mer, s'avisent tout d'un coup de rappeler leur courage, et viennent se ranger auprès de la reine Arsinoé, pour mourir avec elle en la défendant. Flaminius y demeure en assez méchante posture, voyant réunir toute la famille royale, malgré les soins qu'il avait pris de la diviser, et les instructions qu'il en avait apportées de Rome. Il s'y voit enlever par Nicomède les affections de cette reine et du prince Attale, qu'il avait choisis pour instruments à traverser sa grandeur, et semble n'être revenu que pour être témoin du triomphe qu'il remporte sur lui. D'abord j'avais fini la pièce sans les faire revenir, et m'étais contenté de faire témoigner par Nicomède à sa belle-mère grand déplaisir de ce que la fuite du roi ne lui permettait pas de lui rendre ses obéissances.

Cela ne démentait point l'effet historique, puisqu'il laissait sa mort en incertitude; mais le goût des spectateurs, que nous avons accoutumés à voir rassembler tous nos personnages à la conclusion de cette sorte de poëmes, fut cause de ce changement, où je me résolus, pour leur donner plus de satisfaction, bien qu'avec moins de régularité.

FIN DE NICOMÈDE.

www.ingramcontent.com/pod-product-compliance
Lightning Source LLC
LaVergne TN
LVHW050630090426
835512LV00007B/760